GREEN
HOME

la alegría de vivir con plantas

ANDERS RØYNEBERG

GREEN
HOME

la alegría de vivir con plantas

Anders Røyneberg (@arcticgardener)
Escrito en colaboración con Erik Schjerven

Contenido

Las plantas le gustan a mucha
gente y el mundo está lleno de
jardines botánicos. Mi favorito es
el Jardín Botánico de Oslo.

A MAMÁ Y PAPÁ, LA
ENFERMERA Y EL AGRICULTOR
QUE ME ENSEÑARON A AMAR
A LOS SERES HUMANOS
Y A LA NATURALEZA

PRÓLOGO

«¿Qué tiene de bueno llenar una casa de plantas ?»

Me lo preguntan constantemente en Instagram, donde se me conoce por @arcticgardener.

Soy consciente de que tener cien plantas en un apartamento parece una locura. Pero detrás de esta extravagancia verde hay toda una filosofía de vida. Las plantas me benefician de muchas maneras: su belleza es fuente inspiración, me alegra que produzcan oxígeno y purifiquen el aire que respiro y me aportan serenidad. La ciencia ha demostrado que las plantas mejoran la salud mental.

«¿No es complicadísimo?»

No tiene por qué serlo, ni siquiera para los noruegos, que vivimos en el frío norte y que cargamos sobre la conciencia (¡yo el primero!) la muerte de un puñado de plantas. Con el tiempo he aprendido unas cuantas cosas que me gustaría compartir contigo. No es necesario que te compres cien plantas, pero seguro que por lo menos puedes manejarte con una, quizá dos... o incluso más.

Hace unos años, cuando empecé a publicar fotos de mi *green home* en Instagram, la acogida fue abrumadora. ¿Por qué? En mi opinión, el motivo principal es que el bienestar de los seres humanos depende de las plantas. También creo que muchos amantes de las plantas somos amantes del planeta. Por eso me defino como pro plantas y pro planeta: ambos conceptos están conectados.

Cualquiera que sea el motivo que te trae al mundo de las plantas, me gustaría compartir contigo unos cuantos trucos y consejos: qué plantas elegir, cómo cuidarlas, qué aporta cada una a una casa y cómo beneficiarán a tu salud. Mi objetivo es que tu amor por ellas crezca y crezca. ¡Espero que la lectura de este libro te resulte *plantástica*!

LOS AMANTES DE LAS PLANTAS SOMOS GENTE DE PAZ

Si lo tuyo son las plantas, lo primero que quiero hacer es darte la enhorabuena: no eres una persona conflictiva. El simple hecho de que estés hojeando este libro ya es buena señal. Los amantes de las plantas somos gente de paz. No nos van las discusiones ni la confrontación. Preferimos cuidar de nuestras macetas en un ambiente de paz y tranquilidad.

Una energía verde y global

Vivamos donde vivamos, los amantes de las plantas tenemos algo en común: el amor y el respeto por las plantas. Una energía global común nos une y cada día somos más. Para nosotros, las plantas no son objetos decorativos, sino parte integral de nuestra vida. Una ola verde recorre el mundo. A algunos les sonará ingenuo, y quizá lo sea. No soy un extremista; como carne de vez en cuando y viajo en avión. Sin embargo, también estoy firmemente convencido de que las plantas, tanto las del Amazonas como las del salón de mi casa, son un elemento importantísimo al que habremos de prestar toda nuestra atención en los años venideros. Gracias a su capacidad de producir oxígeno, la respiración de las plantas es la vida misma.

Sin duda ya habrás oído hablar del «cambio verde» (green shift). Alrededor del mundo cada vez somos más los que buscamos un contacto más íntimo con la naturaleza, una vida inmersa en el mundo verde y conectada con él. El creciente número de jardineros de interior es un signo de esa búsqueda. Hace tiempo que muchos nos hemos alejado de la naturaleza, pero ahora volvemos a reclamarla, para nosotros mismos y para nuestros hogares. Tengo fe en que cada vez más personas convertirán el espacio que habitan en un oasis verde.

Los seres humanos nos sentimos mejor cuando estamos en contacto con la naturaleza. Yo lo llamo el poder de la clorofila, y es el principal motivo por el que cada vez hay más plantas en las casas. Las plantas de interior nos devuelven la salud, la calma y el equilibrio. ¿Es un estilo de vida alternativo? No. ¿Es pura ciencia? Sí.

Los más jóvenes quieren vivir vidas más verdes. Reaccionan de manera proactiva ante el peligro de los plásticos en el mar, los pesticidas en los alimentos, la polución del aire y el calentamiento global. Las plantas de interior han tenido un papel fundamental en este despertar. Por ejemplo, cada vez más niños en edad escolar aprenden a plantar, cultivar y cosechar verduras en interiores. Dentro de pocos años contaremos con un comprometido ejército de soldados verdes, deseosos de difundir el evangelio verde. Mi corazón florece solo de pensarlo.

#jegelskerplanter [#iloveplants] #meencantanlasplantas

Por eso tengo cien plantas en mi pequeño apartamento. Tengo plataneros, cítricos, olivos, helechos, plantas tropicales, suculentas y muchas más. Algún amigo piensa que estoy loco y que mi pasión por las plantas se me ha ido de las manos. Solo puedo decir que hay cosas peores. De momento, creo que lo tengo bajo control. Desde hace tiempo regalo plantas. Me cuesta, pero lo voy consiguiendo. Las plantas son adictivas. ¡Que te sirva de aviso!

Mi amor por las plantas comenzó en la niñez. Crecí en el campo, con mi madre, mi padre y mis cinco hermanas. Somos una familia numerosa. Estoy muy orgulloso de mis hermanas. Son mujeres nórdicas fuertes e independientes y no les asusta mancharse las manos de tierra. Mucha gente cree que por haberme criado en un ambiente femenino soy un niño malcriado. No es cierto. De hecho, ha sido una experiencia que me ha fortalecido. Mis padres nos enseñaron la importancia de la igualdad, nos inculcaron la idea de que todos valemos lo mismo. Recibimos una crianza buena y justa, en un entorno natural. Cuando me acuerdo de nuestros juegos por los campos verdes me invade la emoción.

Cuando me mudé a Oslo echaba mucho de menos el campo. Me encantaba la bulliciosa vida de la capital, siempre llena de oportunidades, pero me faltaba algo. No tardé en empezar a poblar mi casa de plantas. Necesitaba recrear lo que había dejado atrás, reconectar con mi niñez. En lugar de regresar a la naturaleza, decidí traer la naturaleza a mi apartamento urbano. Descubrí que cuanto más verde era el espacio que habitaba, más se calmaba mi inquietud.

LA ELECCIÓN DE LA PLANTA ADECUADA

Vayamos al grano. Mi receta para el éxito es en primer lugar elegir plantas robustas. Afortunadamente hay mucho donde escoger. Como norma general, lo segundo que hay que tener en cuenta es que sean capaces de sobrevivir lo que yo llamo «el trimestre de la muerte», noviembre, diciembre y enero. En esta época del año, los días son muy cortos en Noruega, la luz natural es un auténtico lujo y muchas especies no lo resisten. Incluso en el Reino Unido, que está más al sur, el día más corto tiene apenas siete horas de luz. ¿Qué hacer para que nuestro pequeño jardín no solo sobreviva, sino que incluso prospere durante todo el año?

Elige ejemplares robustos que se adapten a las condiciones de luz de tu casa. ¿Por qué? La luz es fundamental para que las plantas crezcan y prosperen.

Las plantas con hojas de color verde claro necesitan mucha luz.

Las plantas con hojas de color oscuro necesitan menos luz.

Aunque algunos cactus y suculentas son muy amantes del sol, muchos prefieren luz intensa pero indirecta, y algunos incluso toleran niveles pobres de luz.

Para mucha gente, las plantas más sencillas son las suculentas y los cactus, pues almacenan el agua en las hojas y tallos y requieren muy poca atención.

Hojas gruesas, carnosas y de color verde oscuro

La regla de oro es elegir plantas con hojas gruesas. Son perfectas para los que viajan mucho o son un poco despistados, porque almacenan el agua en las hojas y son capaces de resistir un tiempo sin cuidados ni riego e incluso de sobrevivir a cierto grado de abandono.

Las plantas desérticas sobreviven conservando el agua en las hojas durante los períodos de sequía porque saben que quizá pase un tiempo antes de que puedan volver a disfrutar de la lluvia. Es más, el exceso de riego les pudre las raíces. Les gustan los humanos que les hacen pasar un poco de sed. A mí me encanta regar, así que este tipo de plantas son siempre un desafío.

Cuando compras plantas, lo primero es tocar las hojas. Si son gruesas y firmes, son buenas almacenando agua. Esto quiere decir que podemos irnos de viaje unas cuantas semanas sin preocuparnos de que se mueran de sed.

Las hojas de color oscuro suelen indicar que la planta no necesita mucha luz, por lo que es probable que sobreviva al «trimestre de la muerte».

Mis plantas de cuidado fácil favoritas

- Zamioculca (*Zamioculcas zamiifolia*)
- Cactus espina de pescado (*Epiphyllum anguliger*)
- Sansevieria o lengua de suegra o espada de San Jorge (*Sansevieria trifasciata*)

Las plantas de cuidado fácil preferidas por mis seguidores de Instagram

- Ficus o árbol lira (*Ficus lyrata*)
- Potus (*Epipremnum aureum*)
- Ficus o árbol del caucho (*Ficus elástica*)
- Cinta o lazo de amor (*Chlorophytum comosum*)
- Yuca de pie de elefante (*Yucca elephantipes*)
- Costilla de Adán (*Monstera deliciosa*)
- Flor de cera (*Hoya*)

TRUCO

Elige plantas robustas con hojas gruesas y de color verde oscuro, pero, sobre todo, estudia primero las condiciones lumínicas de tu casa.

A cada cual su planta

Tu estilo de vida y tu personalidad son factores importantísimos para encontrar la planta con la que vas a triunfar. ¿Con qué planta te sientes más identificado?

El principiante. Si estás completamente verde en el mundo de la jardinería, elige una planta robusta y fácil de cuidar. Sugerencia: zamioculca (*Zamioculcas zamiifolia*).

El asesino en serie vegetal. ¿Eres un asesino en serie con una larga lista de víctimas sobre tu conciencia? En ese caso, necesitas una planta dura de pelar. Sugerencia: sansevieria o lengua de suegra (*Sansevieria trifasciata*).

El de la* beautiful people *y el viajero. ¿Estás hasta arriba de trabajo, viajas a menudo y disfrutas de los placeres de la buena vida? ¿No andas por casa muy a menudo? Necesitas una planta independiente. Necesitas un cactus. Sugerencia: cactus espina de pescado (*Epiphyllum anguliger*).

Los padres ocupados con niños pequeños. Si tu trabajo, hijos, el club y demás actividades acaparan la mayor parte de tu tiempo, opta por especies resistentes que soporten bien cierto nivel de abandono. Sugerencia: areca o palmera amarilla (*Dypsis lutescens*).

El aficionado atento. ¿Te gusta pasar el rato con tus plantas, cuidando de su salud, hablándoles, limpiándolas y preocupándote por ellas? Sugerencia: calatea (*Calathea orbifolia*). Esta belleza verde y tropical no necesita excesivas atenciones, pero es de una belleza fascinante. Sin duda, mi favorita.

El experto. Si la jardinería ya no tiene secretos para ti, necesitas un desafío. Sugerencia: culantrillo (*Adiantum capillus-veneris*). Si puedes con él, ¡entonces sabes lo que estás haciendo! Este primo del helecho es excepcionalmente hermoso, pero sus necesidades de abundante agua rociada, de abono y luz lo convierten en una de las plantas más exigentes. No tengo ninguno por miedo al fracaso, pero quizá ya va siendo hora de atreverme...

El *nerd* de las plantas. ¿Te encantan las especies originales y algo diferentes? ¿Te gusta también experimentar con plantas y estudiar sus necesidades? Sugerencia: árbol de aguacate o palto (*Persea americana*). Para empezar a cultivar tus propios aguacates en casa, simplemente compra uno, cómetelo y pon la semilla en agua. Así de fácil (ver página 29).

El esclavo de la moda. ¿Te obsesiona la última tendencia? Hazte con una costilla de Adán (*Monstera deliciosa*). En realidad, estaba de moda el año pasado... ¿Conoces el trébol morado (*Oxalis triangularis*)? Si persigues la planta de moda, lo más seguro es que tengas que cambiar de jardín cada año. Lo mejor es que compres las que más te gusten.

El gourmet. Si te gusta comerte tus plantas, existe un verdadero océano verde de plantas y hierbas que puedes cultivar en casa durante todo el año. Sugerencia: perejil (*Petroselinum crispum*). Si instalas una pequeña lámpara de crecimiento o un LED sobre la encimera de la cocina, tendrás perejil fresco todo el año y podrás añadirlo a tus platos recién cosechado.

El que cuida de su salud. Si te preocupa la calidad del aire de tu hogar, el potus (*Epipremnum aureum*) es un auténtico filtro que elimina los elementos contaminantes del aire. Te sentirás sano y lleno de energía, te mejorará la piel y disfrutarás de un sueño más reparador.

La luz lo es todo

Darme cuenta de la importancia de la luz para las plantas fue toda una iluminación. Para un buen jardinero de interior es esencial tener muy claras las condiciones lumínicas de tu hogar. Si quieres tener éxito y que ellas prosperen, necesitas conocer perfectamente cuánta luz entra en tu casa. ¿Hacia dónde están orientadas tus ventanas?

En el *loft* de mi pareja en el barrio de Grünerløkka de Oslo, las plantas están siempre lozanas y hermosas. Reciben la luz desde las claraboyas del techo, como en un bosque, donde las plantas crecen bajo los árboles. Quizá la luz cenital les recuerde a su hábitat original de la selva amazónica. En mi apartamento del barrio de St. Hanshaugen, las ventanas miran al este y entra una cantidad moderada de luz solar (más sobre condiciones lumínicas en las páginas 38-45).

Plantas que se las arreglan con poca luz

- Drácena (*Dracaena marginata*)
- Zamioculca (*Zamioculcas zamiifolia*)
- Cactus espina de pescado (*Epiphyllum anguliger*)
- Potus (*Epipremnum aureum*)
- Costilla de Adán (*Monstera deliciosa*)

Plantas que necesitan mucha luz

- Cactus (diversas especies)
- Calamondín (*Citrus x microcarpa*)
- Suculentas (diversas especies)
- Cheflera (*Schefflera actinophylla*)
- Yuca de pie de elefante (*Yucca elephantipes*)

DATO

El rincón más oscuro en el exterior recibe más luz que el más iluminado en el interior. En el exterior la luz fluye en todas las direcciones, pero en el interior solo entra por las ventanas. Las ventanas que proporcionan más luz son las que miran al sur.

Los teléfonos inteligentes suelen tener una brújula que te ayudará a determinar la orientación de tu casa.

¿Dónde comprar plantas de interior?

Mis plantas vienen de muchos sitios. Las de mejor calidad se encuentran normalmente en un buen vivero. Además, siempre que puedo, apoyo a los viveros locales que contratan a profesionales y amantes de lo verde que te enseñan trucos y te aconsejan sobre las especies más adecuadas para tu casa y cómo cuidarlas.

No soy un fanático, así que compro mis plantas por aquí y por allá. Si veo una que me gusta, lo más seguro es que caiga en la tentación y me la lleve. Hoy en día se venden por todas partes, desde floristerías hasta supermercados. Una vez un florista devoto me dijo que había «vendido mi alma al diablo» por comprar plantas en IKEA. Lo verde levanta pasiones...

¿QUÉ PLANTAS SALDRÁS A BUSCAR?

Lo ideal es elegir ejemplares que tengan hojas fuertes, verdes, robustas y sanas. Evita las hojas amarillas, rojizas o con manchas marrones. Un tallo débil y quebradizo suele ser señal de que algo va mal. Normalmente las plagas se perciben a simple vista, así que lleva siempre a cabo una inspección meticulosa y comprueba que no hay insectos ni en la parte superior ni en la inferior ni bajo las hojas. Sin embargo, si en la tienda la han podado, no es mala señal que falte el brote superior, pues por lo general las plantas sufren durante el transporte.

¿SON VENENOSAS LAS PLANTAS?

A menudo los niños y los animales tocan e incluso muerden las plantas. La mayoría de las plantas de interior no son venenosas, pero a veces la savia irrita la piel, la boca, la garganta o el estómago. Ingerir savia puede causar irritación o dolor de estómago. En caso de accidente, lávate bien la boca y bebe abundante agua. Los productos lácteos fríos como el yogur también reducen el malestar. Si los síntomas son graves, acude al médico inmediatamente.

Plantas de savia irritante
- Zamioculca (*Zamioculcas zamiifolia*)
- Orquídeas (diversas especies)
- Amarilis (*Hippeastrum*)
- Alocasia u oreja de elefante (*Alocasia*)
- Hortensia (*Hydrangea macrophylla*)

MANOS A LA OBRA

Si has encontrado la planta adecuada para ti y tu estilo de vida y conoces las condiciones lumínicas de tu casa, en teoría ya solo necesitas tierra y una buena maceta.

CLASES DE SUSTRATO PARA PLANTAS EN MACETA

En mi experiencia, un buen sustrato universal funciona bien con la mayoría de las plantas. Muchas tiendas y viveros ofrecen diversas variedades de sustrato para macetas, los llamados compost «especializados», pero a menudo son un gasto innecesario.

El sustrato universal va bien para la mayoría de las especies, pero a los cactus y plantas suculentas les sienta mejor una tierra arenosa que filtre bien el agua y no conserve la humedad. El sustrato para cactus contiene pocos nutrientes y más arena, y se desprende rápidamente del exceso de agua.

CLASES DE MACETAS

La gran mayoría de las plantas prefieren macetas fabricadas con materiales naturales, como el barro cocido. Las macetas de plástico son ideales para las que necesitan humedad constante, como los papiros y los helechos. Los cactus y las suculentas, por su parte, prefieren el barro cocido porque los materiales naturales se secan antes y evitan el exceso de humedad.

Hay quien deja sus plantas en las macetas de plástico en que las compraron, pero es mejor trasplantarlas inmediatamente a una maceta ligeramente mayor para darles un buen empujón inicial.

UN BUEN DRENAJE

La capa de guijarros o bolas de arcilla expandida o arlita en el fondo de la maceta no es obligatoria, pero desde mi punto de vista duplica las probabilidades de éxito. Drena el exceso de agua, de manera que las raíces se oxigenan mejor y no se pudren, lo cual es una de las causas más comunes de mortandad entre las plantas. No lo dudes, coloca una capa de guijarros o bolas de arcilla en el fondo de tus macetas e incluso mezcla unas cuantas con la tierra. Si lo haces así, tus plantas prosperarán y es posible que te recompensen con hojas nuevas y frescas.

REPRODUCCIÓN
Todo sobre semillas, retoños y esquejes de hoja y tallo

Podemos comprar plantas, recibirlas de regalo o intercambiarlas, pero a mí lo que más me gusta es producir mi propia «descendencia» a partir de una planta madre, sobre todo cuando se trata de una de mis favoritas y me preocupa su supervivencia.

Hay varios métodos de reproducción: semillas, retoños y esquejes de hoja y de rama. Las mejores épocas de reproducción son la primavera y el verano, cuando las plantas están en plena época de crecimiento. Es el momento perfecto para producir nuevos bebés.

UN REGALO IDEAL

Una planta cultivada en casa es el regalo perfecto porque, además de la propia planta, estamos regalando el tiempo y el amor que hemos invertido en cultivarla. ¡Te aseguro que la persona querida que reciba el regalo se pondrá incluso más contenta que tú!

Potus

Semillas

La mayoría de las plantas se pueden cultivar a partir de la semilla, pero en algunos casos es más complicado. Los mejores meses para el uso de semillas son marzo y abril, al principio de la época de crecimiento.

EL AGUACATE

El aguacate (*Persea americana*) está muy de moda como planta de interior desde hace un tiempo. Su cultivo es fácil, educativo e interesante. Compra un aguacate, cómetelo y sigue estos pasos para cultivar un árbol de aguacate en tu propia casa a partir de la semilla. ¡Buena suerte!

1 Lava la semilla para eliminar cualquier resto de la fruta.

2 Coloca el extremo puntiagudo hacia arriba y pincha cuatro palillos de dientes a unos 2 cm de la parte superior.

3 Llena de agua un vaso de cristal transparente y coloca la semilla con los palillos apoyados en el borde.

4 Asegúrate de que la parte inferior de la semilla esté siempre en contacto con el agua.

5 Coloca el vaso en el lugar más soleado de la casa. El aguacate es originario de América Central y del Sur, así que necesita mucho sol.

6 Cambia el agua varias veces a la semana para evitar la aparición de moho.

7 Después de unas semanas, la semilla se abrirá y echará raíces en el agua.

8 Tras unas cuantas semanas más, aparecerá un brote en la parte superior.

9 Cuando el brote mida unos 20 cm de altura, plántalo en una maceta con tierra de manera que la parte superior de la semilla sobresalga ligeramente.

10 La planta de aguacate debe estar siempre húmeda. No olvides usar una maceta con un agujero en el fondo para que drene bien el agua y la planta no se ahogue.

DATO

Desafortunadamente, a no ser que las condiciones de tu casa sean verdaderamente ideales, el norte de Europa no es el lugar idóneo para que el aguacate dé fruto. Sin embargo, es una planta atractiva e interesante, con tallos largos y hojas grandes y ovaladas.

Esquejes de hoja

Podemos reproducir muchas plantas por medio de esquejes de hoja procedentes de una planta madre, sobre todo si tienen hojas carnosas, como las suculentas, que son ideales para esta técnica. La mejor época del año es el verano.

SUCULENTAS

Cómo reproducir suculentas por medio de esquejes de hoja.

1 Utiliza sustrato de cactus y semillas. No es necesario que la maceta sea muy profunda.

2 Riega la superficie de la tierra.

3 Corta las hojas de la planta madre a mano o con un cuchillo limpio y afilado. Utiliza hojas de la base de la planta.

4 Coloca las hojas en la maceta con el corte en contacto con la tierra.

5 Mantén la superficie de la tierra húmeda regándola con un atomizador unas cuantas veces por semana.

6 Después de tres o cuatro semanas verás que empiezan a salir pequeñas raicillas, y finalmente, pequeñas rosetas.

7 Traslada el esqueje a una maceta mayor con una cuchara.

Esquejes de tallo

A mí me encanta sacar y regalar esquejes. Un esqueje es una sección del tallo de una planta que crece y se convierte en una nueva.

POTUS (*Epipremnum aureum*) **Y POTUS PLATEADO** (*Scindapsus pictus*)
Sacar esquejes de una planta es muy sencillo, aunque algunas, como el potus y el potus plateado, prosperan mejor que otras.

1 Corta una rama de la planta con unas tijeras de podar justo por debajo de un nudo (las pequeñas protuberancias que encontrarás en el tallo) y deshazte de las hojas más bajas.

2 Coloca el esqueje en agua en un vaso o una botella transparente.

3 Cambia el agua cada semana.

4 Las raíces comenzarán a salir entre dos y seis semanas después.

5 Traslada el esqueje a tierra.

Los tallos y hojas nuevas de una planta brotan de estos pequeños nudos marrones. Cuando cortas el tallo y lo metes en agua, los nudos utilizan la energía para echar raíces.

TRUCO

¿Por qué no sacar un esqueje de esa hermosa planta que has visto en casa de un amigo? Lo educado es pedirlo, pero yo me he llevado un par de esquejes sin preguntar alguna que otra vez. Uno de mis potus procede de una gasolinera de Ringerike, al noroeste de Oslo. Un poco de guerrilla botánica no le hace daño a nadie...

Potus plateado (*Scindapsus pictus*)

Retoños

Los retoños brotan de la planta madre en forma de rizomas que se extienden por el suelo. Sepáralos de la planta madre y plántalos en macetas, donde se convertirán en nuevas plantas de las que con el tiempo saldrán nuevos retoños.

PLANTA CHINA DEL DINERO (*Pilea peperomioides*)
Sacar esquejes de esta planta es pan comido.

1 Localiza un retoño y extrae cuidadosamente la tierra a su alrededor cavando tanto como sea necesario.

2 Con un cuchillo limpio y afilado corta el retoño con delicadeza lo más profundo que puedas sin dañar las raíces de la planta madre.

3 Limpia el esqueje de tierra y mételo en agua. Las raíces empezarán a salir entre unas semanas y unos meses después. En ese momento, traslada el retoño a una maceta.

4 También puedes intentar plantar el retoño directamente en la tierra. A menudo prosperará por sí solo, pero los esquejes cortos suelen terminar en desastre.

Crea tu propia familia de *pilea*. La *pilea* se reproduce con facilidad, así que puedes sacar tus propios retoños. Los retoños de la *pilea* son un regalo perfecto para familiares y amigos.

CUIDADOS

Incluso los que creen ser rematados asesinos en serie de plantas pueden convertirse en grandes jardineros. Lo único necesario es interés, algo de conocimiento y un poco de práctica. ¿Cómo puedes hacer, entonces, para que una planta prospere bajo tu cuidado? Lo primero es comprender las tres necesidades básicas: luz, agua y nutrientes.

LUZ

Las plantas crecen gracias a la fotosíntesis; por lo tanto, cuanto mejores sean las condiciones de luz, más energía recibirán y, por supuesto, más prosperarán.

AGUA

El agua es esencial para la vida, tanto de las plantas como de los seres humanos. Esta combinación de hidrógeno y oxígeno es en realidad responsable de toda la vida en la tierra. La falta de agua mata de sed a las plantas, pero el exceso las ahoga. Todo buen jardinero debe dominar el arte del riego.

NUTRIENTES

Como los seres humanos, las plantas necesitan un suministro de nutrientes para mantenerse saludables. Por eso hay que proporcionarles fertilizantes, es decir, alimento que las ayuda a crecer fuertes y sanas y que estimula la floración.

CONSEJOS PRÁCTICOS SOBRE LA LUZ

Al principio llené la casa de plantas que necesitaban mucha luz, pero la mayoría no tardaron en morir debido a la orientación del edificio. Cuando caí en la cuenta de que necesitaba especies capaces de vivir en una casa orientada al este (es decir, con un nivel de luz moderado), literalmente vi la luz.

LA PLANTA ADECUADA PARA LAS CONDICIONES DE LUZ DE TU CASA

Las condiciones de luz de tu casa determinarán el éxito que tendrás con tus plantas. La mayoría de las plantas prefieren una buena ración de luz solar indirecta, es decir, abundante pero no directa.

La siguiente regla general te resultará útil:

• **Ventanas orientadas al sur:**
luz abundante.

• **Ventanas orientadas al oeste:**
niveles de luz entre abundantes y moderados.

• **Ventanas orientadas al este:**
niveles de luz de moderados a bajos.

• **Ventanas orientadas al norte:**
niveles de luz bajos.

TRUCO

En realidad, para cultivar plantas en interior no necesitas ni ventanas ni luz natural. Por ejemplo, para cultivar plantas felices y sanas durante todo el año en un cuarto de baño sin ventanas solo hay que instalar la iluminación adecuada. Unos tubos fluorescentes de espectro completo en el techo serán suficientes. Unas bombillas LED de espectro completo también darán buen resultado (ver página 44). La calatea (*Calathea orbifolia*) y otras plantas tropicales se sienten a sus anchas en cuartos de baño cálidos y húmedos por el vapor de la ducha, que les recuerdan a su tierra natal.

SUR: luz abundante

Las plantas autóctonas de zonas desérticas, como los cactus y las suculentas, necesitan sol, calor y luz en abundancia, e incluso en exceso. Viven bien durante todo el año en las ventanas con orientación sur.

A la mayoría de las plantas de interior les gusta la orientación sur, pero en primavera y verano necesitarás protegerlas de la luz solar directa. Durante esta época es buena idea alejarlas un poco de las ventanas o colocarlas en el interior de la habitación para que tengan algo de sombra. También puedes protegerlas por medio de una cortina o unos visillos finos.

ESTE Y OESTE: luz y sombra

Estas ventanas proporcionan el nivel moderado de luz favorito de las plantas. En invierno puedes dejarlas directamente en la ventana, pero durante los meses cálidos, cuando hay abundante luz solar y hace calor, es conveniente alejarlas ligeramente de ellas o protegerlas con una cortina o unos visillos.

NORTE: sombra

Las ventanas que miran al norte proporcionan muy poca luz. Deja las plantas en la ventana todo el año. Elige plantas robustas con hojas de color verde oscuro y que gestionen bien la escasez de luz. Es buena idea bañarlas en luz artificial durante los meses más fríos (ver página 44).

Los helechos forman parte del sotobosque, por eso prefieren la luz indirecta y las ventanas orientadas al norte. Durante «el trimestre de la muerte» es buena idea colocarlas en una ventana orientada al este.

A las suculentas les encanta el sol y prefieren las ventanas orientadas al sur.

¿Hacia dónde miran tus ventanas? Aquí tienes unas cuantas sugerencias sobre qué especies se darían bien en tu casa.

LUZ DIRECTA: adoradoras del sol

Al aloe vera, la yuca de pie de elefante (*Yucca elephantipes*) y los cactus les encanta la luz. Son felices con seis horas de sol al día, así que les corresponde el lugar más soleado de la casa.

LUZ INDIRECTA: amantes de la sombra

La mayoría de las plantas de interior, como la costilla de Adán (*Monstera deliciosa*) y los helechos, son más felices a la sombra. Su hábitat natural es el sotobosque, donde crecen protegidas por los grandes árboles, y en tu casa preferirán un entorno que les recuerde lo más posible al medio ambiente del que proceden. Protégelas del sol colocándolas cerca de una ventana o tras unos visillos finos, donde recibirán una cantidad de luz suficiente pero difuminada.

SOMBRA: los habitantes del sótano

Hay unas pocas plantas que necesitan tan poca luz que viven felices en rincones oscuros con condiciones lumínicas muy bajas. La zamioculca (*Zamioculcas zamiifolia*) y la sansevieria o lengua de suegra (*Sansevieria trifasciata*) prosperan tanto con poca como con abundante luz. Lo que no les sienta bien es el exceso de agua, por lo que es necesario asegurarse de que la tierra de la maceta esté completamente seca antes de regarlas. Cuanta menos luz, menos agua y nutrientes necesitan las plantas.

TRUCO

Imagina el hábitat natural de tus plantas. Las que proceden del desierto quieren un entorno seco, cálido y soleado. Las tropicales necesitan agua, calor y media sombra, y lo ideal para ellas es un ambiente húmedo.

No solo a los humanos nos encanta el verano. A las plantas también. Esto se debe a que su crecimiento se produce sobre todo durante los largos y soleados días de esta estación

Para tener plantas de interior sanas todo el año: Mejorar las condiciones de luz

A veces me deprimo un poco en invierno. Me baja la energía y se apodera de mí una sensación de fatiga. La falta de luz nos afecta a todos, a las plantas también. Las hojas se ponen pálidas y quebradizas, la planta entera parece abatida. Por suerte existe un remedio sencillo para curar la tristeza invernal de las plantas: las lámparas de crecimiento.

¿No es eso hacer trampa? No. ¿Llamarías hacer trampa a usar una lavadora en lugar de lavar tu ropa a mano? Disponemos de la tecnología y la podemos usar para crear el mejor entorno posible para nuestras plantas. Además, las bombillas de crecimiento LED son más respetuosas con el medio ambiente que las antiguas, e incluso puedes usar lámparas de horticultura para cultivar verduras o hierbas aromáticas durante el invierno. Nada sabe mejor que lo cultivado con nuestras propias manos.

Si quieres crear el mejor entorno para tus plantas, dales una buena dosis de energía con una lámpara de crecimiento mientras dure el frío. Quizá te parezca complicado, pero no lo es: las bombillas y tubos fluorescentes de crecimiento se venden en muchas tiendas de decoración de interiores y en ferreterías, y además son bastante económicas.

Las bombillas de crecimiento se enroscan en casquillos normales y se colocan cerca de las plantas. Yo suelo colgarlas a unos cincuenta centímetros de la planta, sea de la especie que sea. Las que necesitan más luz prefieren estar más cerca de la bombilla, y las amantes de la luz indirecta son felices un poco más lejos. Gira la maceta de vez en cuando. Las plantas también necesitan unas horas de oscuridad, así que no olvides apagar la luz por las noches.

Usa lámparas de crecimiento para mejorar las condiciones lumínicas de tus plantas durante el invierno.

TRUCO

Enciende la lámpara de crecimiento por la mañana, cuando te vayas a trabajar, y apágala antes de acostarte. Es más sencillo aún si compras un temporizador para que la luz se encienda y se apague automáticamente. Las tiendas que venden lámparas de crecimiento suelen vender temporizadores. Lo ideal es que las plantas reciban unas 16 horas de luz al día. Yo las uso de octubre a marzo.

LOS ESPEJOS AUMENTAN LA CANTIDAD DE LUZ

Yo utilizo espejos para proporcionar luz extra a mis plantas. Los espejos reflejan la luz en la parte posterior de las plantas y mejoran el crecimiento, es decir, contribuyen a que se adapten a un entorno con poca luz.

Los espejos mejoran las condiciones lumínicas y te permiten distribuir mejor las plantas por la casa.

CONSEJOS PRÁCTICOS SOBRE EL RIEGO

Muchas personas me cuentan que el riego de las plantas se les hace muy cuesta arriba. Las conversaciones están salpicadas de suspiros, se nota que tienen muchos cadáveres de plantas sobre la conciencia. El riego no es lo más fácil del mundo, pero tampoco es tan complicado. Con unas cuantas reglas de oro te las podrás arreglar perfectamente, aunque en realidad el verdadero salvador de tus plantas puede ser simplemente tu dedo.

¿Cuándo regar? Aquí tienes dos métodos para saberlo:

EL TRUCO DEL DEDO

Introduce el dedo unos centímetros en la tierra de la maceta. Si al sacarlo notas que está seco y la tierra se desprende él con facilidad, es hora de regar.

Si el dedo está «húmedo» al sacarlo y la tierra se queda pegada es que aún queda agua, así que no tienes que regar hasta la semana que viene.

EL TRUCO DE PESAR LA MACETA

Si aún no estás seguro, levanta la maceta. Si pesa poco, es que no le queda mucha agua y toca regar. Si, por el contrario, notas que pesa, es que la tierra contiene aún agua y puedes esperar unos días o unas semanas, según el tipo de planta.

DATOS

- Cuanto más carnosas sean las hojas, menos riego necesita la planta.
- A la mayoría de las plantas les gusta consumir toda el agua antes del próximo riego.
- Lo ideal es que el agua de regar esté a temperatura ambiente.
- Durante los meses de calor, a las plantas les gusta que las rieguen al menos una vez a la semana. En los meses fríos podemos reducir la frecuencia a dos semanas o incluso menos. Conoce siempre las necesidades individuales de cada una. Hay especies que consumen más agua.
- Menos es más. El exceso de agua combinado con la falta de luz es la principal causa de mortandad entre las plantas. Los accidentes de regado son más comunes durante los meses fríos.

Mejor regar poco que demasiado.

¿Cuánta agua necesita tu planta?

Cuanto más carnosas sean las hojas, menos riego necesita una planta. ¿Por qué? Esto es así porque las plantas de hoja gruesa, como las suculentas, almacenan agua en las hojas porque en su hábitat natural son habituales las largas temporadas de sequía.

Las plantas de hoja fina, por el contrario, necesitan más agua y atención y su cuidado supone un mayor desafío.

Asegúrate de que tus macetas tengan un orificio en la base, e idealmente coloca una capa de guijarros o bolas de arcilla en el fondo para drenar el exceso de agua. La mayoría de las plantas mueren por ahogamiento más que por secarse. Si las raíces quedan en contacto con el agua, se pudren y la planta muere. Esto se conoce como pudrición de la raíz.

Si compras una maceta con autorriego, no tendrás que preocuparte de si tus plantas reciben mucha o poca agua.

Riega toda la maceta para que la tierra se humedezca por completo. Después sé paciente hasta que se seque del todo.

Debes estar siempre al tanto de cuánta agua necesita cada una de tus plantas, pues a menudo las diferencias son considerables. ¡Infórmate en Google si hace falta!

¿POR QUÉ SE MARCHITAN LAS PLANTAS CUANDO SE SECAN?

Las plantas extraen el agua de las raíces. Cuando la tierra se seca, no pueden compensar el agua que se evapora y se marchitan. ¡Es señal de que es hora de regar!

NECESIDADES DE RIEGO DURANTE EL AÑO

Luz de primavera: a medida que aumenta la luz, las plantas necesitarán más riego (una o dos veces a la semana).

Luz de verano: la luz abundante implica riego abundante (dos o tres veces a la semana).

Luz de otoño: cuando los días se acortan, las plantas van necesitando menos agua (de una a cuatro veces al mes).

Luz de invierno: durante los meses más oscuros del año, las plantas necesitan poca agua (de una a cuatro veces al mes).

Algunas plantas se marchitan para hacernos saber que necesitan agua, como esta planta china del dinero (*Pilea peperomioides*), que está pidiendo que la rieguen.

PLANTAS DESÉRTICAS

Los cactus y las plantas suculentas necesitan sequedad, así que riégalas solo de tanto en tanto. Es buena idea darles un buen regado cuando llegan a casa, pero después conviene esperar a que se sequen por completo. Lo mejor es dejar pasar unas cuantas semanas, incluso unos cuantos meses, entre riego y riego. Este tipo de plantas necesitan muy poca agua durante el invierno y solo un poco más durante el verano. Ciertas suculentas nos dicen cuándo necesitan agua: a algunas se les arrugan las hojas y otras se marchitan. Si puedes soportar ser duro de corazón, espera a que a que tus suculentas te digan claramente que tienen sed antes de regarlas.

PLANTAS TROPICALES

Por su parte, las calateas, plataneras (*Musa*), aves del paraíso (*Strelitizia*), etcétera, son amantes de la humedad y hay que regarlas varias veces a la semana, sobre todo durante los meses de crecimiento, en el verano. Si las dejamos secar, no tardarán en perecer. A las plantas tropicales en maceta les gusta el calor y la humedad. Si eres de esos afortunados en cuya casa hay un baño con ventanas y calefacción de suelo, tienes las condiciones ideales. La humedad constante y el vapor de la ducha, la luz de la ventana y el calor del suelo las harán crecer sanas y fuertes.

¿DEBES ROCIAR LAS PLANTAS CON AGUA?

En principio sí, pero se trata de un asunto polémico. Hay firmes defensores de dar una buena rociada diaria a las plantas amantes de la humedad; otros, en cambio, sostienen que no sirve de nada. A mí me gusta hacerlo de cuando en cuando, aunque solo sea para eliminar el polvo y la suciedad de las hojas.

Rociar o limpiar el polvo de las hojas tiene los siguientes efectos:

• Las hojas respiran mejor.

• Las hojas absorben más luz, por lo que crecen mejor.

• La calidad del aire de la habitación mejora.

• Ayuda a combatir los ácaros que habitan en las hojas secas.

Soy partidario de andar entre mis plantas atomizador en mano porque así las vigilo al mismo tiempo, y no puedo evitar creer que si las mimo un poco me querrán y me recompensarán un poco más. Cuando se trata de elevar los niveles de humedad, algunas personas usan humidificadores de plantas, especialmente si tienen muchas especies tropicales a las que les gusta un ambiente húmedo.

> ## TRUCO
>
> Limpiar las hojas con un paño limpio y empapado en agua tibia es más eficaz que usar un atomizador. Lo ideal es hacer las dos cosas: usar primero el atomizador y después el paño para secar las hojas cuidadosamente.

Platanera (*Musa*)

El riego durante las vacaciones

Mucha gente me pregunta quién se ocupa de mis plantas cuando no estoy en casa. Aquí tienes seis consejos sencillos para que tus plantas se mantengan sanas mientras estás de vacaciones.

Pídeselo a un amigo: lo más sencillo es pedirle a otro amante de las plantas que les eche un ojo a las tuyas. Sé por experiencia propia que hay mucha gente a la que le gusta cuidar de las plantas de los demás. Por supuesto, si vas a estar fuera una temporada larga, puedes buscarles una casa de acogida, o incluso prestarle tu casa a alguien mientras estás de viaje, que es lo que yo suelo hacer.

Aparta las plantas del sol: traslada las plantas a un lugar sombreado o apártalas de la luz solar para que necesiten menos agua.

El truco del periódico mojado: coloca un periódico empapado en el plato de la maceta o en una bandeja. De esta forma la planta podrá beber toda el agua que quiera. Este método tiene una vigencia de hasta dos semanas. Si vas a estar fuera más tiempo, usa una capa de periódico más gruesa y más cantidad de agua.

El truco de la botella: llena de agua una botella grande, dale la vuelta y clávala en la tierra de la maceta. Este método permite a la planta beber lo que necesite. Con este truco tus plantas tendrán una reserva de agua para una semana.

El truco del cubo: llena un cubo de agua y sitúalo por encima de las macetas. Coloca trozos de cordel grueso desde el cubo a las macetas, enterrándolos bien con ayuda de un lápiz. Apelmaza la tierra alrededor del cordel y, *voilà!*, acabas de fabricar tu propio sistema de regadío. Este método mantendrá tus plantas hidratadas durante un par de semanas. Si vas a estar fuera más tiempo, usa un cubo de mayor tamaño.

Macetas con autorriego: son un buen recurso para cuando te vas de viaje porque proporcionan a la planta la cantidad exacta de agua que necesitan. Su duración es de una o dos semanas, aunque hay modelos con mayor capacidad de agua.

TRUCO

La tierra de las macetas suele endurecerse y llenarse de raíces. Cuando eso sucede, a las plantas les cuesta más trabajo absorber agua. Además, la tierra no se empapa y el agua se sale. Para evitarlo, haz agujeros en la tierra con un lápiz o un palito para crear nuevos canales de agua y ventilación.

Una botella grande de agua mineral llena de agua y clavada en la tierra de la maceta es una forma útil de mantener las plantas hidratadas cuando no estás en casa.

Ficus lyrata

CONSEJOS PRÁCTICOS SOBRE EL ABONADO

Las plantas necesitan alimento para crecer y desarrollarse. La tierra de la maceta les proporciona nutrientes, pero pasado un tiempo la planta los consume y el agua del riego se los lleva. Por este motivo es necesario el abono.

Mucha gente considera que el abonado es un tema de jardinería avanzada, pero se equivoca. Puedes convertirlo en un asunto sencillo o complicado. Yo opto por la sencillez. Abono mis plantas de interior entre marzo y septiembre y entre octubre y febrero apenas las alimento.

Existen diversas clases de abonos o fertilizantes: abonos orgánicos líquidos o artificiales, bolas o varas fertilizantes, compost, etcétera. Mi preferido es el abono orgánico líquido. Se diluye en agua y a mis plantas les encanta. Prefiero el orgánico porque es más natural, respetuoso con el medio ambiente y sostenible.

¿El abonado te parece una cosa muy compleja? ¿Quieres que sea lo más sencillo posible? Hazte con unas cuantas bolas o varas fertilizantes. Las bolitas fertilizantes se reparten encima de la tierra de la maceta unas cuantas veces al año. Las varas se clavan en la tierra con la misma frecuencia. En ambos casos, el producto libera los nutrientes de forma gradual.

LOS PROBLEMAS DEL ABONO NATURAL

Cuando era niño las gallinas corrían libres por el huerto, así que la tierra estaba siempre perfectamente abonada. El uso habitual de estiércol de gallina es muy beneficioso para las plantas, pues les proporciona gran cantidad de nutrientes. Sin embargo, su uso es poco habitual en interiores debido al mal olor. En su lugar existe una amplia gama de abonos especializados.

El abono orgánico es mi favorito.

Tu cocina es una fábrica de abono

Cáscara de huevo: puedes molera y mezclarla en la tierra de la maceta para dar a tus plantas una ración extra de calcio.

Piel de plátano: córtala, sécala y entiérrala en las macetas. La piel de plátano es muy rica en minerales.

Agua de cocer verduras o huevos: es muy rica en nutrientes. Déjala enfriar antes de regar las plantas con ella.

Para que el abonado sea lo más sencillo posible, esparce un puñado de bolitas fertilizantes en la tierra de la maceta unas cuantas veces al año. Suelen durar entre tres y seis meses.

El abonado a lo largo del año

Como regla general, yo alimento mis plantas una vez a la semana durante la época de crecimiento, una vez cada dos semanas en otoño, y no las alimento durante el invierno, porque están en estado vegetativo y no lo necesitan.

Aquí tienes unas cuantas sugerencias sobre la alimentación de las plantas durante el año. No olvides que están basadas en las condiciones climáticas de Noruega.

INVIERNO

No es necesario abonar, pero quizá quieras darles un poco de alimento de vez en cuando, cada dos meses, por ejemplo, para mantenerlas sanas. Si decides hacerlo, sé prudente y utiliza una solución poco concentrada.

PRIMAVERA

El abonado es fundamental. Comienza gradualmente en marzo, cuando los días empiezan a alargarse. La ración de mediados de marzo debe ser copiosa. Aumenta las dosis en abril, una buena ración tres semanas después de la primera, y sé más generoso en mayo, más o menos cada dos semanas.

VERANO

La planta está en su mejor momento y la luz y el calor le proporcionan la máxima nutrición para que crezca fuerte y lozana. Entre junio y agosto puedes abonar tus plantas en abundancia, pero recuerda no superar las dosis máximas recomendadas en el envase.

OTOÑO

La planta empieza a prepararse para el invierno, así que debes empezar a reducir el abonado. Disminuye paulatinamente la cantidad de nutrientes entre septiembre y octubre y abona las plantas una vez cada dos o tres semanas.

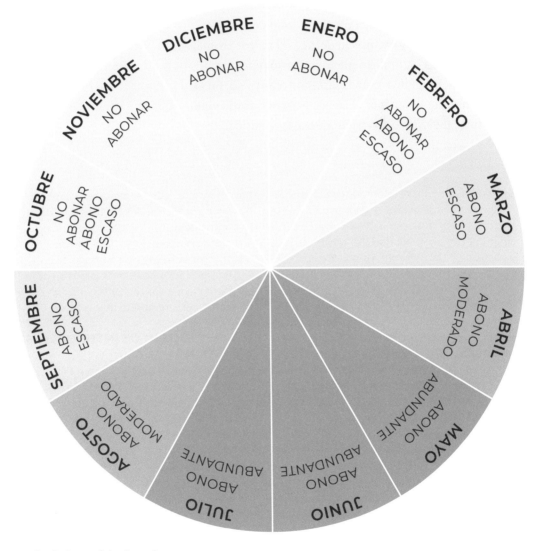

Un calendario anual de abonado, basado en las estaciones en los países nórdicos.

CUIDADOS DE INVIERNO

Cultivar plantas en un país nórdico es todo un desafío debido a los largos y oscuros inviernos. El mayor problema es la falta de luz natural. En pleno invierno tenemos dieciocho o diecinueve horas diarias de oscuridad. En el Reino Unido, que está más al sur de Noruega, el día más corto tiene dieciséis o diecisiete horas de oscuridad.

Es verdaderamente desalentador ver a las hermosas y verdes plantas que nos han dado tanta alegría en primavera amarillear y marchitarse cuando llega el otoño, hasta el punto de que parece que están próximas a morir. «Tengo mala suerte», pensamos. «No lo conseguiré nunca.»

Todos cargamos con la muerte de unas cuantas plantas sobre la conciencia. Haz como yo: no te rindas, sigue intentándolo. Con el tiempo he acabado aprendiendo unos cuantos trucos para que cada vez más y más plantas sobrevivan. El acceso a la luz es un tema complejo. Si eres capaz de descifrar el enigma luz + agua, es muy posible que te tengas éxito. La regla principal es la siguiente: cuanta más luz, más agua. Al mismo tiempo, no olvides que cada planta es un mundo.

Quizá al visitar mi página de Instagram creas que las cosas son fáciles y sencillas. Créeme, he tenido que asistir a muchos funerales de plantas. En particular, de muchas plantas desérticas que han muerto ahogadas porque, a causa de mi obsesión por el riego, las he atiborrado de agua y abono durante el invierno. Aunque lo hice con la mejor de las intenciones, se pusieron amarillas de pronto y se les cayeron las hojas. Más de una vez he perdido la paciencia, pero también he sentido la alegría de ver a una planta recuperarse de pronto con un infinito deseo de vivir.

EL AIRE SECO EN LOS INTERIORES ES UN ASESINO

Muchas plantas mueren durante el invierno a causa del aire seco del interior de la casa. Es común que las viviendas de construcción nueva no tengan buen flujo de aire, lo cual dificulta la vida de las plantas. La calefacción es un peligro. Por eso, si de verdad quieres crear un entorno interior propicio, cómprate un humidificador y aleja a tus plantas de las fuentes de calor. Los humidificadores se venden en diversos tamaños y producen un efecto tropical que hará maravillas en tu pequeño y verde oasis.

Cuidados invernales

Las personas y las plantas nos parecemos en invierno: estamos fatigados y nos falta vitalidad. Aquí hablaremos de cómo protegerlas durante lo que yo llamo «el trimestre de la muerte», es decir, noviembre, diciembre y enero.

Trucos sencillos para el invierno

• Coloca las plantas cerca de las ventanas para que reciban tanta luz como sea posible.

• Riégalas poco. En esta época del año las plantas están en estado de hibernación y apenas necesitan agua.

• Reduce el abonado o no las abones en absoluto.

• Gira las macetas cada semana para repartir la luz entre todas las hojas.

• No dejes las plantas cerca de la calefacción. Aléjalas de cualquier fuente de calor.

Trucos avanzados

• Una fuente adicional de luz de espectro completo es una buena idea.

• Evita las corrientes frías de las ventanas abiertas. El aire frío estresa a las plantas y hace que se marchiten.

• Limpia las hojas con un paño húmedo. El polvo impide a las hojas absorber luz.

• Rocíalas con agua para dar humedad a las hojas y protegerlas del aire caliente del interior de la casa.

¿ESTÁ MUERTA UNA PLANTA SI ESTÁ PERDIENDO HOJAS?

Que una planta pierda alguna hoja no quiere decir que esté muerta. Pero si lo hace debido a la falta de luz y al exceso de riego, quizá las raíces se estén pudriendo. Esto sucede cuando las raíces se ahogan por estar en contacto con el agua. ¿Qué hacer en este caso?

• Traslada la planta al lugar más soleado de la casa y deja que se seque antes de regarla de nuevo.

• Deshazte de las hojas secas o amarillas.

• Si la tierra de la maceta está empapada y en tu casa hay calefacción de suelo, coloca la maceta sobre el suelo caliente unos cuantos días para que la tierra se seque paulatinamente.

Con un poco de suerte, en unas semanas comenzarán a brotar hojas verdes. Ver a una planta retornar a la vida es una sensación maravillosa. Sin embargo, no olvides que en invierno algunas plantas entran en estado de hibernación. La higuera, el kiwi y el *ginkgo*, por ejemplo, son especies de hoja caduca. Si una de tus plantas pierde la hoja, quizá sea simplemente porque se ha ido a dormir hasta la primavera.

El ciclo vital de algunas plantas, como esta higuera (*Ficus carica*), incluye un período de hibernación durante el cual pierden la hoja hasta que llegue la primavera y aparezcan nuevos brotes y hojas.

CUIDADOS DE VERANO

El verano del norte de Europa, con sus temperaturas cálidas y sus días largos, es perfecto para las plantas. Durante estos meses las plantas necesitan lo mismo que los seres humanos: hidratación y precaución con el sol. Sin alguna clase de protección solar, la mayoría de las especies se quemarán.

Después de un frío y crudo invierno, todos hemos tomado alguna vez más sol de la cuenta y nos hemos quemado la piel. Cuando esto le sucede a una planta, el daño puede tardar meses en ser visible. Normalmente se presenta en forma de manchas marrones o amarillas en las hojas. No te preocupes. Lo normal es que, aunque tarden unas semanas, aparezcan hojas nuevas.

Tus plantas necesitan aclimatarse a la luz del sol. Si quieres sacar al balcón esas macetas que has tenido casi a oscuras durante el invierno, déjalas que se adapten gradualmente a las nuevas condiciones y riégalas solo un poco de vez en cuando (ver página 65).

Los mismos principios sirven para las especies de interior. Si quieres trasladar unas macetas de un lugar oscuro a una ventana a pleno sol, comienza dejándolas un par de semanas a media luz en lugar de colocarlas directamente en la ventana. Si, a pesar de todo, decides ponerlas en la ventana, protégelas con una cortina o unos visillos.

TRUCO

Si temes que en verano una ventana sea un lugar demasiado cálido para tus plantas, coloca la mano en ella en las horas de más calor. Si es demasiado para ti, es demasiado para ellas.

Cuidados estivales en interior

• Evita las quemaduras colocando las macetas al lado de la ventana o protegiéndolas con unos visillos.

• Recuerda aumentar la luz de manera gradual cuando traslades una planta de un lugar oscuro a otro luminoso.

• A más luz y calor, mayor frecuencia de riego.

• Si llueve, saca las plantas al exterior para limpiar las hojas de polvo.

• El verano es época de crecimiento, así que es necesario aumentar la frecuencia del abonado porque las plantas necesitan más nutrientes.

Ya que en los meses cálidos hay más luz, puedes trasladar tus plantas a lugares en los que no estarían a gusto durante el invierno, como una ventana orientada al norte o más al centro de la habitación.

Traslado de plantas al exterior

Un balcón o un jardín son sitios ideales para trasladar tus plantas de interior durante los meses cálidos.

BENEFICIOS

• A las plantas les encanta el sol, y en el exterior hay mucha más luz, así que crecerán mejor.

• Tu balcón, terraza o jardín lucirá verde y frondoso, y de paso liberarás espacio en el interior de la casa.

• Gracias a las condiciones de luz favorables, es posible que algunas plantas tímidas a la hora de florecer te den una sorpresa.

INCONVENIENTES

• El traslado entraña sus riesgos. Hay que tener en cuenta el viento, la lluvia y las bajadas repentinas de temperatura. En el exterior, las plantas necesitan mucho más riego, sobre todo en veranos secos.

• Debido a las condiciones más favorables para el crecimiento, en el exterior las plantas necesitan más nutrientes.

¿CÓMO DEBERÍAS PROCEDER?

• Traslada las plantas al exterior cuando la temperatura nocturna sea superior a 10 °C. Déjalas dos semanas a la sombra y después colócalas a media sombra durante otro par de semanas para que se aclimaten.

• El clima nublado es perfecto para proteger las hojas de las quemaduras.

• En caso de quemaduras (aparecerán manchas marrones o amarillentas una semana después del accidente), no desesperes. Poda las hojas dañadas y lo más seguro es que pronto salgan hojas nuevas.

A muchas plantas de interior, como esta ave del paraíso gigante de flor blanca (*Strelitzia nicolai*), les sienta muy bien veranear en el balcón.

RECUERDA

• Para veranear en el exterior, una planta de interior necesita ser robusta. Asegúrate de que sea capaz de lidiar con los elementos antes de trasladarla.

• No uses macetas sin un orificio de desagüe en el fondo. La lluvia ahogaría a las plantas.

• Las plantas necesitan más agua cuanta más luz solar reciben. Aumenta la frecuencia de riego durante los meses secos.

• El viento reseca la tierra de las macetas con más rapidez.

• Los cactus y las suculentas pueden estar a pleno sol, pero conviene protegerlos de la lluvia para evitar que mueran por ahogamiento.

• Las plantas tropicales prefieren la media sombra. A pleno sol se queman enseguida.

MACETAS

MACETAS ORGÁNICAS TRANSPIRABLES

La mayoría de las plantas prefieren vivir en macetas fabricadas con materiales orgánicos transpirables, como la cerámica sin esmaltar. Muchas macetas son de barro. Gracias a la porosidad del barro cocido el aire penetra en la tierra y llega a las raíces, lo cual es muy beneficioso. La parte negativa es que la humedad de la tierra se evapora con rapidez. Las macetas de barro sin esmaltar están especialmente indicadas para plantas que gestionan bien la sequedad, como los cactus y las suculentas.

La capa blanca que suele aparecer en la superficie de estas macetas está compuesta de sales minerales que se filtran a través del barro. Las macetas de barro de distintos colores son muy decorativas, pero la verdad es que a mí personalmente me va más lo rústico.

MACETAS DE PLÁSTICO PARA PLANTAS DE TIERRA HÚMEDA

Las macetas de plástico retienen mejor el agua, por lo que son adecuadas para plantas a las que les gusta la tierra siempre húmeda. Los helechos y los papiros (*Cyperus papyrus*), que necesitan mucha humedad, prosperan mejor en macetas de plástico. Las macetas esmaltadas también retienen bien el agua.

CADA PLANTA EN SU MACETA

Cuanto más pequeña sea una maceta, antes pierde la humedad. Por el contrario, cuanto más grande, más tiempo la conserva. Es importante elegir el tamaño de maceta adecuado para cada planta:

• Con una planta pequeña en una maceta grande corres el riesgo de pasarte con el riego, con lo que las raíces se ahogarán y pudrirán.

• Una planta grande en una maceta pequeña se secará porque las raíces no pueden absorber el agua ni los nutrientes de la tierra.

Tanto al papiro (*Cyperus papyrus*) (arriba) como al helecho (parte superior derecha) les gusta la humedad y se sienten como en casa en una maceta de plástico.

ABONADO Y TRASPLANTES

El trasplante se lleva a cabo aproximadamente una vez al año y la mejor época es la primavera. Puedes reubicar una planta en una maceta nueva y mayor, o bien renovar la tierra de la maceta donde vive.

Yo no soy una persona muy ordenada y lo normal es que provoque algún desastre con la tierra, así que suelo trasplantar en el exterior. Si no, cubro el suelo de bolsas de basura antes de empezar. Necesitarás una maceta nueva, sustrato para macetas y bolas de arcilla expandida o arlita o grava.

1 Antes de empezar, riega bien la planta.

2 Saca la planta de la maceta con cuidado, asegurándote de extraer todo el cepellón.

3 Limpia con cuidado parte de la tierra que rodea el cepellón.

4 Coloca una capa de bolas de arcilla expandida o arlita o grava y un poco de abono en el fondo de la maceta nueva.

5 Coloca la planta en el centro de la maceta. Ajusta la tierra para que la parte superior del cepellón quede a unos dos centímetros y medio por debajo del borde de la maceta.

6 Rellena de tierra el espacio de alrededor de la planta y añade un poco más en la parte superior.

7 Compacta la tierra con cuidado para tapar bien la raíz.

8 Riega la planta de nuevo. *Voilà!* Tu planta ya está en su nueva casa.

Es conveniente pasar las plantas recién compradas a una maceta nueva para que empiecen con buen pie. La mayoría de las plantas se cultivan en invernadero y suelen llegar a los comercios en macetas demasiado pequeñas para que tengan el mejor aspecto posible. Cuando trasplantes, elige una maceta unos pocos centímetros más ancha.

Si la planta tiene un cepellón fuerte y quieres mantenerla en la maceta original (es decir, que solo quieres cambiar la tierra), poda alguna de las raíces más grandes.

Utiliza siempre tierra nueva y rica en nutrientes para que las plantas puedan arrancar con energía. La tierra usada suele ser baja en nutrientes y puede contener plagas y enfermedades. Tras unas semanas o unos meses, cuando la planta esté fuerte y lozana, añade un poco de abono.

LA SALUD DE LAS PLANTAS

Para saber si tus plantas gozan de buena salud, observa las hojas. Su estado es un buen indicador. Las plantas sanas y felices tienen hojas lozanas y verdes.

Cuando las plantas no tienen un aspecto saludable, la cosa se pone difícil. Puede haber tantos motivos que es fácil frustrarse. Aquí doy unos cuantos consejos basados en mi propia experiencia.

Las hojas se comban hacia arriba o se marchitan: falta agua. Si las hojas se marchitan, se ponen mustias o se arrugan es que necesitan llenar sus células de agua. Para que beban bien, colócalas en una pila o un cubo lleno de agua y deja que se empapen, o riégalas generosamente. En cuestión de horas, en cuanto las células de las hojas y el tallo se hayan llenado de agua, verás como la planta «revive».

Las hojas tienen manchas marrones: daños producido por la luz del sol directa, la sequedad del aire de la casa, falta de riego o plagas. Corta las hojas dañadas y marrones. Lo normal es que después de unas semanas broten hojas nuevas. En invierno rocía la planta con agua y limpia las hojas con un paño húmedo para quitar el polvo y humedecerlas. La sequedad del aire de la casa es un sospechoso habitual en estos casos. Prueba a regar la planta con mucho cuidado en la ducha con agua tibia.

Las hojas se ponen pálidas o de color verde claro: falta de nutrientes. Si la planta pierde color, quizá necesite más abono, o la tierra es pobre en nutrientes. En este caso, la mejor opción es abonar y trasplantar. La mayoría de las plantas necesitan mucha luz. Traslada la planta a un lugar más luminoso, como una ventana. Si la planta no recibe mucha luz y además la has sobrealimentado, corta o reduce la cantidad de fertilizante.

La planta se pone amarilla: las raíces se han podrido por exceso de agua, falta de luz, exceso de abono o plagas. Las hojas amarillas son síntoma inequívoco de que la planta está enferma. La causa más común es el exceso de riego. Si la tierra está empapada, reduce el riego de forma drástica y deja que la tierra se seque por completo. Poda las hojas amarillas.

Aparecen pequeñas manchas negras o blancas, o una capa blanca: plagas o insectos (ver páginas 74-75).

INSECTOS Y PLAGAS

Los insectos en las macetas no son agradables, o mejor dicho, son repulsivos. Yo los he sufrido en varias ocasiones y me producen mucha ansiedad. Por suerte hay un montón de remedios populares para deshacerse de ellos. Mientras investigaba el tema para este libro, he descubierto al menos cien, aunque la verdad es que a algunos no se les puede dar mucho crédito. El truco de meter una planta en el microondas para deshacerse de los pulgones no es de mucho fiar.

LA TRAMPA DE LA MOSCA DE LA FRUTA

Necesitarás: un vaso de agua, vinagre y detergente de lavar platos.

1. Llena la mitad del vaso de vinagre (unos 100 ml) y el resto de agua. Añade una gota de detergente.

2. Coloca el vaso cerca de la maceta que sospechas que está invadida de moscas de la fruta o de esciáridas. Cuanto más extendida esté la plaga, más trampas debes colocar.

3. El olor del vinagre atraerá a las moscas de la fruta y esciáridas, el detergente las dejará atrapadas y se hundirán hasta el fondo del vaso.

Yo siempre dejo una de estas trampas detrás de las macetas durante el verano por si ronda alguna mosca de la fruta o esciárida por allí. Cuando la mezcla se evapore, rellena el vaso.

Los pesticidas son solo para casos graves. Revisa bien las plantas en la tienda antes de comprarlas: en teoría, si compras plantas sanas y las cuidas bien, no deberían aparecer plagas ni enfermedades. Existe una enorme variedad de plagas, pero en este libro nos centraremos solo en las más habituales entre plantas de maceta y veremos unos cuantos métodos eficaces para deshacernos de ellas.

MOSCA DE LA FRUTA

Es fundamental evitar el exceso de humedad. En caso de ataque, deja que la tierra se seque por completo. Mi mejor truco es la trampa de la mosca de la fruta. Es un remedio sencillo y respetuoso con el medio ambiente y además también es útil contra las tristemente célebres moscas esciáridas que aparecen en verano, sobre todo en casas donde las pieles de plátano y los restos de verduras, frutas u otro tipo de comida se dejan al aire antes de tirarlos.

PULGONES, MOHO Y ÁCAROS

Fabrica tu propio insecticida ecológico mezclando aceite con una gota de jabón suave. El aceite forma una capa que asfixia a los pulgones, los ácaros y sus huevos, y el jabón los reseca.

Mezcla dos cucharadas de jabón líquido y 250 ml de agua en un atomizador y rocía toda la planta.

Si el ataque es grave, repite la operación después de una o dos semanas. Es buena idea probar el producto en una sola hoja para asegurarnos de que la planta lo tolera bien.

JABÓN LÍQUIDO Y PLAGAS

Hay firmes partidarios del jabón líquido que han obtenido buenos resultados lavando sus plantas invadidas por una plaga con una mezcla de jabón líquido suave y agua. Existen dos métodos:

El método del cubo: llena de agua un cubo grande y añade una cucharadita de jabón líquido. Mezcla bien. Pon la planta boca abajo y sumérgela lentamente. Enjuaga la planta con agua tibia, en la ducha si es posible. Sumerge solo las hojas y la parte verde de la planta, no la tierra de la maceta.

El método del masaje: lava y masajea delicadamente las hojas y el tallo con la mezcla descrita unas líneas más arriba, con especial atención al envés de la hojas.

¿FUNCIONA EL AGUA LIMPIA Y TIBIA PARA ELIMINAR LAS PLAGAS?

Sí, merece la pena probar este sencillo remedio. Según mi propia experiencia, lavar las plantas con agua tibia en la ducha o en el lavabo funciona bastante bien. Lavar bien las hojas (el haz, el envés y los tallos) a menudo es suficiente para deshacernos de las plagas. También es útil masajear delicadamente las hojas con los dedos para eliminar insectos y ácaros.

VENENO: CUANDO NADA FUNCIONA

Alguna vez he tenido que usar productos químicos, pero han sido pocas. Hay que evitarlos en la medida de lo posible, pero si tienes una planta adulta o valiosa y especial, puedes recurrir a un insecticida. Yo decidí utilizar un producto químico cuando mi naranjo de dos metros sufrió una invasión de ácaros. Sin embargo, limito su uso a situaciones en las que peligran todas mis plantas. En caso de plaga de cochinilla blanca, puedes intentar eliminarlas una a una con un algodón empapado en alcohol desnaturalizado (también llamado alcohol metilado). Por desgracia, este temible bicho es difícil de vencer y a veces no queda más remedio que deshacerse de la planta para evitar que la plaga se extienda. ¡Mejor suerte la próxima vez!

ESTILO Y DECORACIÓN CON PLANTAS

El diseño de interiores nórdico es tan elegante, liviano, luminoso y sencillo que basta un par de plantas para decorar una habitación. Los elementos verdes en un interior predominantemente austero crean profundidad y contrastes. En las revistas de decoración siempre hay artículos sobre casas verdes y exuberantes a las que nos gustaría mudarnos una temporada. Hoy en día las plantas son parte integral de los espacios que habitamos, igual que los almohadones, las telas y las cortinas, pero con el beneficio extra de que aportan vida a nuestro hogar.

TU PROPIO OASIS VERDE

Siempre que entro en una casa verde y frondosa pienso que la persona que la habita se preocupa por las personas y los demás seres vivos. Las plantas aportan personalidad y vitalidad a una casa. Lo único que hace falta es saber distribuirlas.

LA TRINIDAD

Lo bueno viene siempre de tres en tres, y lo mismo sucede con las plantas. Los arreglos de tres plantas son armoniosos e interesantes. Experimenta con una estructura triangular compuesta por una planta grande al fondo, una de tamaño medio en el centro y otra pequeña al frente. El arreglo triangular puede tener más de tres plantas, aunque hay que señalar que este tipo de combinaciones funciona mejor con números impares que con pares. Experimenta también con diversos tonos de verde y texturas de hoja para crear contrastes.

PLANTAS EN MESA: UNA ALTERNATIVA SOSTENIBLE

A mí me gusta combinar varias plantas bajas en una fuente o plato y colocarlas encima de una mesita. Aun a riesgo de echar a perder el romanticismo de los amantes de las rosas, desde mi punto de vista las plantas son una alternativa más sostenible al eterno ramo de flores recién cortadas en un jarrón. Los cactus y las suculentas (en un arreglo pequeño a ser posible) son un centro de mesa tan atractivo como un ramo de flores. También puedes fabricarte un terrario sencillo con unas cuantas plantas en un contenedor de cristal.

PLANTAS DE INTERIOR COMO VISILLOS

Las plantas ayudan a proteger la intimidad de quienes viven en barrios con mucha población y que tienen vecinos enfrente. Distribuye plantas en las ventanas y cerca de ellas para crear una verde y tenue transición entre el espacio interior y el exterior al tiempo que impide las miradas molestas.

PLANTAS COMO DELIMITADORES DE AMBIENTE

El piso de mi pareja es un loft, así que ha creado distintos ambientes con plantas que delimitan y marcan los espacios. Las plantas crean una especie de seto que enmarca una habitación en un espacio mayor. Si tus plantas no son muy altas, consigue el mismo efecto colocándolas encima de una peana o una mesa.

Una gran costilla de Adán (*Monstera deliciosa*) delimita el espacio.

EL RINCÓN VERDE

En espacios grandes y abiertos queda muy bien un rincón verde. Mi pareja Erik ha creado un hermoso y placentero oasis en su piso simplemente rodeando de plantas un sillón esquinero. Experimenta tú mismo colocando una planta grande (o varias) en un rincón, quizá cerca de un asiento.

Si tienes una banqueta o una mesita, puedes colocar unas macetas cerca y combinar plantas de diversos tamaños a varias alturas. Prueba también a dejar alguna en el suelo. Las plantas a la altura de la vista te darán la sensación de estar en un jardín.

Un espacio verde es el entorno ideal para sentarse a leer un libro o sencillamente pensar. Un beneficio extra de tener plantas cerca de donde te sientas es que es más fácil darse cuenta de cuándo toca regarlas.

PLANTAS COLGANTES

Las plantas colgantes me encantan porque realzan cualquier habitación. A la hiedra (*Hedera*), la flor de cera (*Hoya*), el potus (*Epipremnum aureum*) y las bolitas colgantes o planta rosario (*Curio rowleyanus*, conocido antes como *Senecio rowleyanus*) les sienta muy bien la altura. Sus largas ramas las hacen ideales para colgar del techo o frente a una ventana.

Hoy en día hay excelentes maceteros colgantes en variados formatos y materiales: macramé, mimbre, metal, cerámica... A mí me gusta mucho el efecto armónico y vivaz de un arreglo de varias plantas colgantes en fila, de distintos tamaños a distinta altura. En ambientes y hogares más reducidos, colgar plantas libera espacio útil.

EL FACTOR SORPRESA

Una sola planta verde y frondosa puede ser lo único que necesita una habitación. Un árbol de cierto tamaño, como un gran *Ficus lyrata*, una robusta costilla de Adán (*Monstera deliciosa*) o un ave del paraíso gigante (*Strelitzia nicolai*), vestirá cualquier ambiente como se merece, ya sea una habitación grande o un recibidor espacioso.

Nota: estas plantas son de crecimiento lento y los ejemplares adultos son muy costosos. La paciencia y una billetera generosa (o una hucha) son valores muy útiles en este caso.

Las plantas grandes, como este elegante olivo, son un foco de atención natural en una sala de estar.

REPISAS

Un par de repisas con plantas en la cocina y la sala de estar aportan un toque de verdor y exuberancia a toda la casa. Si vas en busca de inspiración, consulta la etiqueta #plantshelfie en Instagram.

En la cocina suelo combinar plantas comestibles y decorativas. Me gusta tener a mano las hierbas que uso para cocinar, como el perejil, la albahaca, el cilantro o el tomillo. Me da la sensación de que tenerlas cerca me hace experimentar más con ellas. Las hierbas aromáticas son deliciosas y sirven de fuente de inspiración en la cocina.

Utiliza tu repisa de plantas para realzar objetos que te gusten. Yo tengo una colección de animales de cerámica esmaltada. Son un poco cursis, pero añaden un punto desenfadado al verdor de las plantas.

PAREDES

Compra unas cuantas macetas que se puedan fijar en superficies verticales para colgar plantas por las paredes. A los helechos les encanta. Los muy creativos colgarán plantas de distintas clases y diseñarán una especie de jardín vertical o pared verde. El potus (*Epipremnum aureum*) es un excelente candidato.

Hay diversos tamaños de paneles de musgo a la venta. Se pueden colgar directamente en la pared y no necesitan prácticamente ningún mantenimiento. También he visto paredes de cactus vivos combinados en un fascinante arreglo vertical. En Barcelona vi una pared con más de cien tipos de cactus que formaban un impresionante tapete de tonos plateados y verdes.

REALZAR RINCONES ABANDONADOS

Todas las casas tienen algún rincón olvidado. Sin embargo, si le llega un poco de luz, con un simple par de plantas lo transformarás en un espacio emocionante y lleno de vida. Si no recibe nada de luz solar, coloca una lámpara de crecimiento.

Las esquinas cálidas y soleadas son perfectas para las plantas amantes del sol, como cactus y suculentas. Un rincón con un toque desértico en una casa verde y exuberante es un contraste imaginativo y original.

Un arreglo de plantas de interior realza cualquier rincón de la casa.

ESPEJOS: MI TRUCO FAVORITO

Tengo el doble de plantas de las que en realidad tengo. O al menos eso parece, gracias a mis espejos. Decorar tu hogar con espejos es un truco ingenioso, sobre todo si, como yo, vives en un espacio pequeño. Los espejos llenan la habitación de luz y dan sensación de amplitud. También te permiten colocar plantas más lejos de las ventanas porque incrementan la cantidad de luz natural.

Los espejos de diversas formas y tamaños, además, crean interesantes dinámicas en el interior de una casa. Yo los tengo de todo tipo: cuadrados, ovalados, redondos...

MACETAS Y FRASCOS

A menudo me preguntan dónde compro las macetas. La respuesta es que me gusta combinar todo lo imaginable; macetas, jardineras y frascos nuevos o de segunda mano, artesanales o vanguardistas. Rebusca en tus alacenas y armarios a ver qué encuentras. Quizá des con un cuenco olvidado que puedes convertir en maceta.

Yo normalmente los reutilizo taladrándoles un agujero en el fondo para que drenen el agua. Es muy fácil: pega un trozo de cinta de carrocero en el fondo y taladra un agujero con mucho cuidado. En muchas ciudades hay tiendas de organizaciones de caridad que venden artículos reciclados o de segunda mano. Salir a buscar un tesoro y al mismo tiempo contribuir al reciclaje sostenible y a una buena causa puede ser toda una aventura.

MACETAS DE SEGUNDA MANO

Los mercadillos callejeros locales son otra fuente de tesoros. Quizá encuentres una lata vieja donde tus suculentas se sienten a sus anchas. O una cesta de mimbre que puedes forrar con plástico por dentro y usar de macetero. Con un poco de creatividad e imaginación, las oportunidades son infinitas. Es bueno tanto para tu bolsillo como para el medio ambiente. Siempre que viajo visito los mercadillos y las tiendas *vintage*. A menudo hago compras espontáneas que al final me proporcionan una inmensa alegría. Un cuenco de cristal verde que compré en Borgoña es ahora el hogar de uno de mis helechos, y una antigua jarra medidora de madera que encontramos en un mercadillo en Portugal es el hogar ideal para una de mis trepadoras. Son un recordatorio de lo que disfrutamos en aquellos viajes.

Dos cactus en miniatura plantados en vasos antiguos. Si consigues taladrar los agujeros de drenaje sin romperlos, funcionan estupendamente como macetas.

¿Quieres tener el doble de plantas? ¡Cómprate un espejo!

PLANTAS Y PAREDES OSCURAS

La gente teme que las paredes oscuras ensombrezcan una habi-tación, pero yo he comprobado que, por el contrario, aportan calidez al ambiente y realzan las plantas. Una pared pintada con tonos oscuros de verde, gris o azul destaca el color de las hojas y da profundidad a tu oasis verde.

MESAS, PEANAS Y BANQUETAS

La clave es variar. En la decoración vegetal de mi hogar participan distintos elementos. Tengo varias plantas agrupadas en mesi-tas, distribuyo las macetas encima y debajo de peanas o las elevo y destaco colocándolas encima de alguna banqueta que nadie usa. Me encantan los arreglos de plantas a varias alturas. Distri-buirlas por encima de mesas y banquetas crea un ambiente espacioso y exuberante y da sensación de delicadeza.

Una sugerencia original sobre las peanas: pon boca abajo frascos (o macetas) grandes que no uses y coloca encima macetas de plantas.

Las paredes oscuras y las hojas verdes y vibrantes son una combinación perfecta.

Eleva tus plantas colocándolas sobre peanas o frascos para dar sensación de espacio en la habitación.

IDEAS VERDES PARA UN HOGAR MÁS EXUBERANTE

Lo natural y lo orgánico son claros protagonistas de las tendencias actuales en decoración interior.

Además de plantas, hay también cuadros con motivos vegetales atractivos y sencillos que aportarán elementos naturales a una habitación. ¿Qué tal si cuelgas encima del sofá una bonita ilustración de una hermosa costilla de Adán?

Lo natural combina muy bien con telas estampadas con motivos vegetales. Un hermoso almohadón con una hoja estampada realza cualquier sillón o sofá. Un empapelado elegante aumenta la exuberancia tropical de una habitación. Una pared que reciba poca luz empapelada con diseños botánicos le dará a la habitación un rotundo toque orgánico.

Por lo general, cuanto más original sea una idea, mejor realzará tus plantas. Experimenta con todo lo que se te ocurra y comprueba qué queda mejor.

PLANTAS HABITACIÓN POR HABITACIÓN

Decorar tu casa con plantas para crear un interior único y personal es relativamente barato y muy gratificante. Si bien decidir qué planta queda mejor en cada espacio es en gran medida una cuestión de gusto, es posible distribuir las plantas por la casa siguiendo un criterio algo más científico. Visita conmigo las distintas habitaciones de la casa para inspirarte y tomar ideas.

El recibidor

El recibidor es el espacio que ofrece la primera impresión de una casa, así que influye en toda la experiencia. Recientemente he vivido un tiempo en Portugal —por trabajo y estudios— y he aprendido que en el punto más occidental de Europa la tradición es dar la bienvenida a los invitados con un recibidor lleno de plantas. ¡Me apunto a esta tradición sin pensármelo dos veces!

El recibidor tiene una función tanto estética como práctica. En él se guarda la ropa de calle y los zapatos y al mismo tiempo recibe a las visitas y las invita a entrar en el hogar. En mi opinión, las macetas colgantes son lo más adecuado porque permiten aprovechar la altura y liberan espacio en el suelo. Prueba con un potus (*Epipremnum aureum*), una hiedra (*Hedera*) o una flor de cera (*Hoya*). Son plantas capaces de soportar un cierto nivel de abandono y además resisten bien la falta de luz y las corrientes de aire que entran al abrir la puerta principal.

Un recibidor lleno de plantas da la bienvenida a los invitados.

La sala de estar

Es la habitación para relajarse, divertirse y hacer cosas. Por lo general, en la sala de estar hay espacio para muchas plantas, pero a veces es buena idea poner una sola, pero muy llamativa. En estos casos lo ideal es un árbol. Un gran *Ficus lyrata*, una platanera tropical (*Musa*) o una extravagante ave del paraíso gigante (*Strelitzia nicolai*) realzan todo el espacio y dan un toque de elegancia.

La sala de estar nos da la oportunidad de pensar a lo grande. Suele ser la habitación de mayor tamaño, así que podemos dejarnos llevar. A menudo tiene pocas ventanas, elemento clave para que las plantas prosperen. En la sala de estar la planta es como un mueble y por lo general da sensación de amplitud. La palma de areca (*Dypsis lutescens*), los helechos, la aralia del Japón (*Fatsia japonica*) y el ficus o árbol del caucho (*Ficus elástica*) son plantas que se dan bien en las salas de estar. Date el capricho de cultivar en tu sala de estar una verdadera *prima donna* capaz de atraer todas las miradas. ¿Y qué tal una costilla de Adán (*Monstera deliciosa*)?

Las plantas en la sala de estar dan ambiente, mitigan el ruido y delimitan los espacios. En mi propia sala de estar me deshice de la televisión y de un montón de muebles que me sobraban para hacer más espacio para mis plantas.

La sala de estar es el espacio ideal para crear tu propio oasis de verdor.

La cocina

La cocina es el corazón de una casa. Es donde nos reunimos para comer y conversar y a menudo hay una ventana o una repisa llena de hierbas aromáticas. A mí me encanta tener a mano las hierbas que uso para cocinar, como el perejil, la albahaca, el cilantro, el tomillo o el orégano. Puedes comprar pequeños invernaderos (también llamados propagadores) con su propia luz de crecimiento que proporcionan las condiciones ideales para el cultivo de hierbas aromáticas en la encimera de la cocina durante los oscuros meses invernales. También puedes usar luces de crecimiento para cultivar lechugas, rábanos o coles durante todo el año.

Los árboles y arbustos de cítricos se dan muy bien en la cocina. El calamondín (*Citrus x microcarpa*) y el limonero (*Citrus x limon*) combinan con muchos platos, y cuando me preparo un gin-tonic los fines de semana, siempre le añado una rodaja.

El pequeño fruto del calamondín tiene un sabor muy amargo, pero cultivarlo uno mismo es una experiencia de lo más dulce.

También tengo una planta de café (*Coffea arabica*) en la encimera. Tiene hojas brillantes y decorativas y quizá dentro de unos años se convierta en un pequeño arbusto y con un poco de suerte incluso producirá suficientes granos de café para prepararme un expreso totalmente casero... Soñar es gratis, ¿no es cierto?

Una repisa de plantas independiente es un detalle atractivo en cualquier cocina. Coloca en ella una selección de hierbas y plantas decorativas, unos cuantos libros de cocina y un par de tus adornos escogidos.

El calamondín (*Citrus x microcarpa*) es un cítrico robusto que por lo general se da bien en interior. El fruto se utiliza en la cocina como sustituto del limón o la lima.

Planta de café (*Coffea arabica*)

El dormitorio

A todos nos encanta dormir bien. Por eso es tan importante tener un dormitorio que propicie el descanso. Mucha gente no está a favor de las plantas en los dormitorios, pero su escepticismo es infundado. Las plantas sanas y fuertes son buenas para el aire interior de la casa, al contrario de las plantas enfermizas, que reducen la calidad del aire.

De hecho, algunas plantas son especialmente adecuadas para el dormitorio porque producen oxígeno por la noche. Es más, también absorben, neutralizan y convierten en alimento ciertos compuestos orgánicos volátiles (VOC según sus siglas en inglés) como el tricloroetileno o el formaldehído, y limpian el aire de sustancias tóxicas. Las plantas que fabrican oxígeno y purifican el aire son la combinación perfecta para crear las condiciones ideales para un sueño plácido y reparador.

Una elección particularmente buena es la sansevieria o lengua de suegra (*Sansevieria trifasciata*) y el aloe vera, que resisten los cambios de temperatura que se producen en los dormitorios al abrir las ventanas para airear o dejarlas abiertas de noche. Otra buena alternativa es la lavanda (*Lavandula angustifolia*), que, aunque no es estrictamente una planta de interior, emite un aroma agradable y suave, famoso por su efecto relajante. Además, es una de las plantas de jardín que mejor se da en interiores, siempre y cuando reciba abundante luz solar.

El cuarto de baño

Cultivar plantas en el baño, por lo general un espacio de condiciones lumínicas pobres, es todo un desafío. No obstante, si tienes la suerte de contar con una ventana en tu baño, entonces estás en la situación ideal.

Las duchas regulares y el vapor de agua crean un microclima en el que prosperan los helechos y ciertas plantas tropicales amantes de la humedad. Esto se debe a que su hábitat natural es el bosque tropical, por lo que en un cuarto de baño cálido y húmedo la platanera (*Musa*), la calatea (*Calathea orbifolia*) o una trepadora costilla de Adán (*Monstera deliciosa*) son excelentes opciones.

Si en tu baño no hay luz solar, las suculentas resistirán bien durante unas semanas, tras las cuales necesitan que las coloques cerca de una ventana. Mi baño no tiene luz, pero tengo unas cuantas zamioculcas (*Zamioculcas zamiifolia*) en el centro, que se apañan bien con la luz de los focos del techo y la humedad ambiente.

Si no tienes ventanas en el baño siempre está la opción de invertir en una lámpara de crecimiento, que te permitirá crear en él un oasis verde (ver página 44).

Un jarrón con una hoja cortada de costilla de Adán, una orquídea o una rama de olivo es otra forma de dar un punto verde a tu baño.

El garaje, el desván y el sótano

Son entornos fantásticos para que algunas plantas hibernen después de veranear en el exterior. Cuando las temperaturas empiezan a descender en otoño, antes de que lleguen las primeras heladas, hay que trasladar los olivos, los cítricos y las palmeras al interior. Son plantas de clima mediterráneo, por lo que es esencial recrear las condiciones climáticas a las que están acostumbradas en invierno. Lo que mejor les sienta es entrar en un estado de semihibernación con temperaturas entre los 0 °C y los 10 °C, con poca luz y un riego ligero mensual.

Otras plantas de interior a las que les gusta refugiarse de las nieves invernales en el garaje, el desván o el sótano son la hiedra (*Hedera*), la higuera (*Ficus carica*) y el *ginkgo*.

El estudio

Reposar la vista en una planta atractiva y frondosa es fuente de inspiración para quienes estudian o trabajan en casa. Mis favoritas para el estudio son las variantes de la calatea o las coloridas begonias. Si no usas el estudio con demasiada frecuencia, lo mejor es elegir una planta que resista la sequedad, como la zamioculca (*Zamioculcas zamiifolia*) o los cactus y suculentas.

Las plantas de interior no solo mejoran la estética del hogar; numerosos estudios demuestran que su presencia verde y relajante aumenta la productividad.

EL PLACER DEL VERDOR EN EL LUGAR DE TRABAJO

Qué planta es la más adecuada para un entorno de trabajo depende de las personas que lo habiten. Si entre tus compañeros hay al menos un par de entusiastas de lo verde, seguramente no será difícil cultivar un buen número de plantas, aunque sean de las que necesitan atención constante.

Pero si eres el tipo de persona que riega las plantas de la oficina con restos de café (lo cual, por cierto, acaba con ellas), será mejor que elijas plantas con hojas verdes y gruesas que resistan el riego esporádico. Unas cuantas buenas opciones, conocidas también por eliminar las toxinas químicas del aire, son el potus (*Epipremnum aureum*), la sansevieria o lengua de suegra (*Sansevieria trifasciata*) y la palma de areca (*Dypsis lutescens*).

GREEN HOME EN ACCIÓN

La calidad del aire del planeta empeora cada día, especialmente en las grandes ciudades. Como es lógico, el aire de nuestros hogares también está cada vez más contaminado. Sin embargo, en Oslo, donde resido, el ayuntamiento ha conseguido romper la tendencia en estos últimos años invirtiendo en transporte público y peatonalizando calles en las que la población puede circular en un entorno verde. Por desgracia, a pesar del empeño del ayuntamiento, el aire de la ciudad sigue siendo irremediablemente nocivo. Los que habitamos en ciudades y pueblos podemos aportar nuestro granito de arena cultivando plantas en casa o incluso cuidando un par de macetas en el trabajo, pues, nos guste o no, casi todos pasamos casi el 90 % del tiempo en interiores.

Los beneficios de llevar la naturaleza a los espacios de interior

¿Has oído hablar del trastorno por déficit de naturaleza (NDD según sus siglas en inglés) y del efecto aire de bosque? El NDD está asociado a la idea de que muchas personas, especialmente los niños, son afectadas negativamente por no pasar el tiempo suficiente al aire libre. La falta de contacto con la naturaleza y un estilo de vida estresante, ruidoso y sedentario son causa de numerosos problemas de salud tanto física como mental. Científicos noruegos de la Universidad de Ciencias Naturales han hallado una solución que han bautizado como «efecto aire de bosque». Consiste en traer la naturaleza a los espacios de interior. Han descubierto que las personas se sienten más tranquilas y satisfechas cuando conviven con plantas de interior en sus casas y lugares de trabajo. La autoconfianza aumenta y el cansancio disminuye.

Otro problema es la contaminación del aire. Según la OMS, la polución mata cada año a siete millones de personas. El dato es escalofriante. Entre las fuentes de polución del aire se cuentan los vehículos de combustión interna, la industria, la ganadería intensiva y la energía eléctrica generada con carbón. La deforestación empeora el problema, pues cada día se extinguen mayor número de plantas y árboles, al mismo tiempo que se emiten más sustancias tóxicas a la atmósfera. El resultado es que el aire que respiramos es cualquier cosa menos puro. El aire de Nueva Delhi estaba (y sigue estando) tan contaminado que en 1992 el activista medioambiental Kamal Meattle sufrió una serie de reacciones alérgicas que estuvieron a punto de costarle la vida. La capacidad pulmonar se le redujo en un 70 %. Kamal tenía claro que había que actuar, tanto por su propio beneficio como por el del resto de los habitantes de Nueva Delhi. Encargó una serie de estudios que demostraron que las plantas de interior influyen de manera positiva en el ambiente laboral, tanto mental como físicamente.

Kamal recurrió a investigaciones de la NASA y otros organismos, como la Institución de Ingeniería y Tecnología (IET, por sus siglas en inglés), y descubrió que ciertas plantas domésticas comunes como el potus (*Epipremnum aureum*), la sansevieria o lengua de suegra (*Sansevieria trifasciata*) o la palma de areca (*Dypsis lutescens*) mejoran la calidad del aire de los entornos de interior. En una conocida charla TED, Kamal explica cómo usar plantas de interior comunes para «refrescar» el aire de nuestros hogares.

Kamal ha experimentado con estas plantas en el edificio donde trabaja. El estudio demostró que se redujo el riesgo de los empleados de sufrir dolores de cabeza, problemas pulmonares, asma y otras dolencias. Además, la productividad se incrementó en un 20 %.

TRUCO

Al combinar diversas clases de plantas, en realidad estás creando un bosque en miniatura en el que las plantas ponen en funcionamiento una simbiosis en virtud de la cual respiran juntas, emiten humedad y al mismo tiempo limpian de sustancias nocivas el aire de tu hogar. Este pequeño bosque no solo es hermoso, sino que también mejorará tu salud y bienestar.

DATO

Si bien todas plantas convierten el dióxido de carbono en oxígeno, no todas purifican el ambiente. Según la NASA, las plantas que purifican el aire se caracterizan por eliminar los compuestos orgánicos volátiles. Las mejores plantas purificadoras proceden sobre todo de zonas tropicales y subtropicales.

Plantas y salud mental

Yo soy terapeuta profesional. Es un trabajo en el que tengo que mantener conversaciones unas veces estimulantes, otras complicadas con mis pacientes, muchos de los cuales han sufrido eventos traumáticos. Me encanta mi trabajo. Da sentido a mi día a día. Pero escuchar el dolor de los demás es agotador. Volver a casa después del trabajo y mancharme de tierra hasta los codos es una gran terapia para terapeutas. Desconectar, pensar en otras cosas y concentrarme en la respiración me ayuda a recobrar la serenidad. Creo firmemente que las plantas tienen un efecto curativo en el ser humano. Las plantas son además una terapia asequible y al alcance de todos.

En mi oficina tengo veinte plantas. No creo que las macetas de la ventana de mi consulta sean un asunto sin importancia. Escuchan con paciencia y continúan luego con sus asuntos. Hay estudios que demuestran que la simple presencia de plantas calma las emociones negativas. Resulta completamente lógico, por tanto, que tantas personas se refugien en la jardinería cuando se ven abrumadas por la frustración y las preocupaciones. Las plantas nos ayudan a mitigar el dolor emocional y a centrarnos en la vida y el crecimiento. No en vano se dice que el verde es el color de la esperanza.

CUANTAS MÁS PLANTAS, MÁS SALUD

En la sede de Google de Noruega han creado un microclima de bosque tropical e instalado lámparas de crecimiento para proporcionar las mejores condiciones posibles a sus plantas. La tasa de bajas por enfermedad ha bajado a menos del 1%. Es un dato de gran relevancia, porque la tasa nacional es superior al 6%. Jan Grønbech, director de Google Noruega, señala la relación entre el entorno y la reducción de la tasa de bajas por enfermedad y sugiere que quizá haya que buscar la causa en el entorno orgánico y atractivo.

El descenso del absentismo laboral de poca duración, la reducción de los dolores de cabeza y el aumento de la concentración en la central de Google Noruega son resultados que hablan por sí solos.

Mi amigo Espen me ha contado sus problemas con Pirkola, su antiguo jefe finlandés. Espen encontraba a Pirkola cínico y autoritario, y su mera presencia lo enervaba. La relación acabó convirtiéndose en un verdadero conflicto laboral e incluso un día Pirkola dio un puñetazo en la mesa de Espen. Pirkola estaba enfadado y Espen, asustado. El ambiente de la oficina se hizo tóxico.

Pero aquella difícil relación dio un giro inesperado. En la oficina apareció una pequeña platanera, que no tenía ni idea del importante papel que llegaría a desempeñar. Tanto Espen como Pirkola se interesaron por ella. Coincidían a menudo al lado de la planta, cada uno con una regadera en la mano. Después de algún tiempo comenzaron a hablar de plantas, plataneras, condiciones de luz... Y ahí terminó el problema. Nunca han sido grandes amigos, pero la platanera hizo de embajadora de paz y contribuyó a que se disipara parte de la atmósfera venenosa que reinaba en aquel lugar.

Estudios tanto noruegos como extranjeros demuestran que las plantas verdes ejercen una influencia positiva en el ambiente laboral, el bienestar de la plantilla y las bajas por enfermedad.

TRUCO

¿Quieres ser popular en el trabajo? Ocúpate de las plantas de la oficina. A todo el mundo le gustan los compañeros de trabajo que alegran el lugar con plantas. Yo mismo lo he probado y puedo asegurar que funciona.

TRUCO

Para hacer tus propios purificadores de aire:
- Palma de areca (*Dypsis lutescens*)
- Helecho espada o rizado (*Nephrolepis exaltata*)
- Potus (*Epipremnum aureum*)
- Hiedra (*Hedera*)
- Sansevieria o lengua de suegra (*Sansevieria trifasciata*)
- Ficus (*Ficus elastica*)

Selvas verdes urbanas del mundo

El creciente interés por los poderes curativos de las plantas no es solo cosa de Noruega. Cada día aparecen en Instagram cuentas de amantes de las plantas deseosos de compartir su pasión por el mundo vegetal. ¡Plantas para todos! Echa un vistazo a las siguientes para encontrar más inspiración:

@urbanjungleblog
Fuente de inspiración mundial sobre plantas, con especial atención a las plantas de interior.

@homesteadbrooklyn
En el hogar de esta habitante de Brooklyn (EE. UU.) viven ochocientas plantas en maceta y un pollo.

@mamabotanica.amsterdam
Una holandesa experta en esquejes y retoños.

@nikolicvladan
Mr. Houseplant, de Washington (EE. UU.). Un amante de las plantas increíblemente sabio que comparte montones de consejos prácticos y trucos.

@plantpapis
Pareja noruega. Uno de sus miembros se ocupa de la parte de la estética verde y el otro de compartir trucos útiles de sus experiencias vegetales.

¿Te vas de viaje? ¿Qué tal una visita al jardín botánico local? Se estima que hay aproximadamente 1.775 jardines botánicos en el mundo. Estos son mis favoritos de Instagram:

@kewgardens
Royal Botanic Gardens, Kew, Londres, Reino Unido.

#singaporebotanicgardens
Singapore Botanic Gardens, Singapur.

@rbgedinburgh
Royal Botanic Garden, Edimburgo, Escocia.

@brooklynbotanic
Brooklyn Botanic Garden, Nueva York, EE. UU.

@jardimbotanicorj
Jardim Botânico, Río de Janeiro, Brasil.

@kirstenbosch.garden.official
Kirstenbosch National Botanical Garden, Ciudad del Cabo, Sudáfrica.

Jardín botánico de Oslo

ÁLBUM DE FAMILIA

El mundo vegetal es inmenso. Yo poseo tan solo el 0,00025 % de las especies del planeta. Cien plantas de las 390.000 especies conocidas hacen que mi colección parezca modesta y nos da una imagen de lo grande que es el reino vegetal. Las siguientes son mis favoritas. Son fáciles de conseguir y mantener en el clima nórdico.

Aloe vera *Aloe vera*

Suculenta tremendamente robusta que almacena agua en las hojas. Resiste varios meses sin agua. El aloe vera no es solo una cara bonita e interesante: el gel que se extrae del interior de las hojas tiene numerosas propiedades medicinales y alivia las irritaciones cutáneas leves, como el enrojecimiento y las quemaduras producidas por el sol.

 LUZ

Le gustan los lugares bien iluminados, idealmente con luz solar directa. Está acostumbrado al hábitat desértico, por eso hay que darle tanto sol como sea posible.

 RIEGO

Riego extremadamente moderado. Al aloe le gusta secarse por completo entre riegos. Normalmente se riega cada dos semanas con poca cantidad de agua. En invierno basta una vez al mes.

 TIERRA

Sustrato de cactus y suculentas con una capa de bolas de arcilla expandida o arlita en el fondo de la maceta. También puedes usar sustrato universal.

 ABONO

Se trata de una planta extremadamente frugal, así que sé extremadamente moderado con el abono. Basta con un poco de abono orgánico líquido o un fertilizante específico para suculentas una vez al mes de marzo a septiembre.

 ORIGEN

De origen incierto, se cree que procede de Omán. Mercaderes y marinos llevan siglos transportándolo por el globo debido a sus propiedades curativas.

 MISCELÁNEA

El gel de la planta se usa para aliviar irritaciones cutáneas. El aloe se parece un poco al pepino: es en un 96 % agua y retiene la humedad de forma extraordinaria. Vivirá en el exterior todo el verano sin problema, pero no olvides protegerlo de la lluvia. El aloe vera es ligeramente tóxico para gatos y perros.

Palma de areca *Dypsis lutescens*

La palma de areca nos evoca los trópicos, la luz solar y el calor. Con su silueta inconfundible, es una presencia exuberante y tropical en cualquier casa. Es también una conocida purificadora de aire, lo que la convierte en la compañera perfecta de los pacientes de asma y alergias. Hay estudios que demuestran que es particularmente eficaz en la eliminación de sustancias tóxicas del aire, como el xileno y el tolueno (ambos compuestos orgánicos volátiles que se hallan en los disolventes de pintura).

LUZ
Le gustan los lugares bien iluminados a salvo de la luz solar directa. Una ventana orientada al sur está bien, siempre que no reciba más de dos o tres horas de luz solar directa al día.

RIEGO
Riégala cuando se seque la superficie de la tierra de la maceta (los primeros centímetros). Riego semanal durante los meses cálidos y unas cuantas veces al mes en invierno. En habitaciones frías o con poca luz necesita menos agua.

TIERRA
Sustrato universal con una capa de bolas de arcilla expandida o arlita en el fondo de la maceta. La palma de areca no es muy exigente y se da bien en macetas pequeñas. Si quieres un ejemplar mayor, trasplántala cada dos o tres años.

ABONO
Abono orgánico líquido dos o tres veces al mes durante la primavera y el verano. Poco o ninguno en los meses fríos y durante los primeros meses después de trasplantarla.

ORIGEN
La palma de areca procede de Madagascar, donde puede alcanzar entre seis y doce metros de altura.

MISCELÁNEA
En las condiciones adecuadas puede llegar a florecer. Las flores nacen agrupadas en racimos amarillos y después se convierten en pequeños frutos ovalados y amarillentos que toman un color morado oscuro, casi negruzco, cuando maduran.

La palma de areca se extiende por la parte superior, por lo que son ideales para delimitar ambientes. Pueden usarse como biombos para crear diferentes espacios, tanto en casa como en la oficina.

Helecho plumoso o espuma de mar *Asparagus setaceus*

Una de las plantas más delicadas y etéreas que conozco. Espléndida y elegante al mismo tiempo. Aunque comúnmente se la llama *helecho*, seguramente por su esbelto y mullido ramaje y aspecto esponjoso, en realidad pertenece a la familia del espárrago. Es una planta amante de la humedad que se encontrará a sus anchas en un cuarto de baño con ventana. También quedan muy coquetos en un aparador o colgados del techo.

LUZ
Prefiere la luz indirecta y la sombra. Es importante protegerla de la luz directa para evitar que se ponga amarillenta.

RIEGO
Abundante. No dejes que se seque la tierra de la maceta. Mantenla húmeda constantemente.

TIERRA
Sustrato universal con una capa de bolas de arcilla expandida o arlita en el fondo de la maceta o también mezcladas con la tierra para darle mejor drenaje.

ABONO
Abono orgánico líquido una o dos veces al mes durante la época de crecimiento.

ORIGEN
Es originaria de Sudáfrica.

MISCELÁNEA
Si amarillea, normalmente es por exceso de luz, calor o agua. Su temperatura ideal está alrededor de los 18 °C. Poda el ramaje amarillo con cuidado porque las ramas tienen pequeñas púas. Atención: es tóxica para las mascotas, aunque no para las personas. La savia puede causar irritación cutánea.

Aguacate *Persea americana*

Todo un clásico entre los amantes de la jardinería de interior. Para evitar frustraciones, hay que subrayar que no debemos esperar que un árbol de aguacate cultivado a partir de una semilla según el método de la página 29 produzca fruto, pues este proceso dura al menos cinco años. ¡Pero imagina la satisfacción de poder mirar una planta de aguacate que tú mismo has cultivado mientras comes tu taco del viernes!

LUZ
A esta planta le gustan los lugares soleados y los exteriores con algo de sombra en verano.

RIEGO
Riega en abundancia. Mantén la tierra húmeda, pero cuidado: las hojas amarillas son señal de exceso de riego.

TIERRA
Sustrato universal con una capa de bolas de arcilla expandida o arlita en el fondo de la maceta. También puedes mezclar unas cuantas con la tierra para obtener un mejor drenaje.

ABONO
Abono orgánico líquido una o dos veces al mes durante la época de crecimiento.

ORIGEN
Lo más seguro es que proceda de México, aunque no todos los especialistas están de acuerdo.

MISCELÁNEA
Para acelerar la maduración de ese típico aguacate verde que todos hemos comprado alguna vez en una tienda, métela en una bolsa de papel con un plátano. La planta es ligeramente tóxica para los animales.

Platanera *Musa*

La clásica planta tropical que nos transporta de inmediato a climas cálidos. Sin embargo, atención, porque su cultivo no es tan sencillo como parece. La platanera parece fuerte, pero las hojas, a pesar de su tamaño, son relativamente frágiles. La especie más habitual en los viveros, la Cavendish enana, alcanza la mitad de la altura de sus primas más esbeltas, entre 1,8 y 3 metros. A las plataneras les encanta la humedad y el calor. Veranean muy bien en el exterior siempre y cuando las protejas del viento y las corrientes de aire, que rompen las hojas. Según crecen, las hojas más antiguas amarillean y se secan. Esto es natural; pódalas para estimular el crecimiento.

LUZ
A las plataneras les encantan los sitios luminosos y con luz indirecta. Evita la luz solar directa, sobre todo cuando la planta es joven y las hojas están aún tiernas. Su lugar preferido es una habitación cálida con una ventana orientada al este o al oeste. Lo ideal sería que recibiera doce horas de luz al día, así que piensa en adquirir una lámpara de crecimiento para los meses fríos.

RIEGO
Le gusta la tierra húmeda, pero deja que se seque la capa superficial de la tierra de la maceta entre riegos. Durante la primavera y el verano, riégala unas cuantas veces a la semana. Reduce la frecuencia en invierno para evitar que se pudran las raíces.

TIERRA
Sustrato universal con una capa de bolas de arcilla expandida o arlita en el fondo de la maceta y unas cuantas mezcladas con la tierra para obtener un mejor drenaje.

ABONO
Las plataneras son bastante glotonas y durante la primavera y el verano les gusta el abono orgánico líquido cada dos semanas.

ORIGEN
Procede del Sueste Asiático, donde alcanza alturas de entre 2,5 y 5 metros.

MISCELÁNEA
Necesitan macetas grandes y espaciosas. Trasplántalas anualmente durante los primeros años. A medida que envejecen, comenzarán a salirle brotes laterales. Pódalos con cuidado de extraer toda la raíz y plántalos directamente en tierra nueva. Las plataneras crecen a una velocidad increíble. En las condiciones adecuadas, las hojas nuevas crecen hasta diez centímetros al día.

Helecho espada o rizado *Nephrolepis exaltata*

Los helechos son amantes de la humedad y fantásticos purificadores de aire. La variedad silvestre a veces se considera una hierba (el *Pteridium* o el *Nephrolepis cordifolia*, primo del helecho espada, por ejemplo), pero como planta de interior, su frondoso, rico y verde follaje lo convierte en todo un *must* de la decoración. Hay helechos de todas clases, algunos incluso con hoja rizada (*N. exaltata* «Emina» o «de Boston rizado» y *N. exaltata* «Fluffy Ruffles» o «de encaje»). En el entorno natural, los helechos crecen en el suelo del bosque, donde hay humedad y sombra.

LUZ
Al helecho le gusta vivir en el centro de una habitación o a la sombra de otras plantas. Es feliz con luz moderada.

RIEGO
Le encanta el agua y necesita humedad constante. Riégalo mientras la tierra está aún húmeda, pero procura que no se empape. Los helechos también absorben agua por las hojas. Les gusta mojarse y que los rocíes de agua de vez en cuando.

TIERRA
Sustrato universal con una capa de bolas de arcilla expandida o arlita en el fondo de la maceta y unas cuantas mezcladas con la tierra para obtener un mejor drenaje.

ABONO
Abono orgánico líquido una vez al mes entre primavera y otoño.

ORIGEN
Los helechos son nativos de las regiones tropicales del planeta.

MISCELÁNEA
Sacude la maceta de cuando en cuando para eliminar las hojas muertas.

Calamondín *Citrus x microcarpa*

Este cítrico, que produce una especie de naranjas en miniatura, es fácil de encontrar en viveros. Cuando subo imágenes de mi calamondín de diez años a Instagram siempre recibo comentarios de seguidores que viven en Filipinas, donde el fruto, sobre todo el zumo, se utiliza en gastronomía. Cuando están maduros me desafío a mí mismo a comerme uno al día para tener una explosión rápida de vitamina C, pero están increíblemente amargos. Es tóxico para gatos y perros.

LUZ
Le gusta la luz solar directa. Si lo sacas al exterior cuando haya pasado el riesgo de heladas, colócalo a la sombra al principio para evitar quemaduras.

RIEGO
Al calamondín le gusta que la tierra se seque completamente entre riegos. Riégalo una o dos veces por semana en primavera y verano. Cuando llega el frío y entra en estado de hibernación, lo puedes trasladar a un lugar fresco y relativamente oscuro. Durante esos meses necesita agua muy de cuando en cuando. Un sótano grande es perfecto para protegerlo de las heladas nocturnas.

TIERRA
Sustrato universal con una capa de bolas de arcilla expandida o arlita en el fondo de la maceta y unas cuantas mezcladas con la tierra para obtener un mejor drenaje. También hay tierra especial baja en calcio, ideal para el calamondín y otros cítricos.

ABONO
Abono orgánico líquido una vez al mes desde la primavera hasta el otoño.

ORIGEN
Se supone que procede de China, aunque hoy en día se encuentran sobre todo en Indonesia y Filipinas, donde se utiliza en gastronomía.

MISCELÁNEA
El zumo de calamondín se usa igual que el de lima. Es ideal para mermeladas y chutneys. Personalmente, me parece original y divertido en un gin-tonic.

Calatea *Calathea orbifolia*

Dicen que para presumir hay que sufrir... Esta planta exuberante y coqueta de hermoso follaje merece cuidados y atenciones sin fin. Las calateas son ideales para los jardineros devotos a los que les gusta recrearse en su belleza. Están acostumbradas al suelo de la selva, húmedo y sombrío. Por ese motivo no gestionan bien el exceso de luz y son ideales para interior. Viven a gusto a media sombra e idealmente en un entorno húmedo, por ejemplo un cuarto de baño con mucho vapor procedente de la ducha.

LUZ

Luz brillante e indirecta. A menudo prospera en la sombra. No soporta la luz solar directa y sus hojas sufren de quemaduras con facilidad. Cámbiala de sitio lo menos posible.

RIEGO

Le encanta la humedad y necesita mucha agua. Riégala varias veces a la semana durante los meses de calor y una o dos en invierno. Atención: no la dejes en agua porque las raíces se encharcarán y pudrirán. Le gusta la humedad ambiente así que sé generoso con el atomizador.

TIERRA

Sustrato universal con una capa de bolas de arcilla expandida o arlita en el fondo de la maceta.

ABONO

Abono orgánico líquido dos o tres veces al mes durante los meses cálidos. Una vez al mes en otoño. No abonar en invierno.

ORIGEN

Procede de las selvas tropicales y subtropicales de América Latina.

MISCELÁNEA

La calatea es una planta tropical, de modo que le gusta el calor. A temperaturas inferiores a los 12 °C las hojas se rizan. Para estimular el crecimiento, corta las hojas amarillentas o marrones tan cerca del tallo como sea posible. No es necesario podarla, pero sí eliminar las hojas dañadas o enfermas.

La calatea tiene hojas largas y fuertes y se da bien en ambientes húmedos. Se pondrán muy contentas si las rocías con agua tibia varias veces por semana y colocas la maceta sobre una capa de bolas de arcilla expandida o arlita o un bloque de gomaespuma en un plato con un dedo de agua en el fondo. Algunos cultivadores de calateas son verdaderos entusiastas del humidificador. Su lugar favorito es un cuarto de baño con ventana donde reciba varias veces al día el vapor de la ducha.

Planta china del dinero *Pilea peperomioides*

Las cosas que nos encantan suelen tener más de un nombre, por eso a esta peculiar planta, la indiscutible estrella botánica del mundo de la informática en los últimos años, se la conoce como planta china del dinero, planta misionera o planta lefse. Los tallos largos y las hojas redondas y de color verde oscuro la convierten por su elegante silueta en el paradigma del chic urbano. Es muy popular en Escandinavia desde que Agnar Espegren la introdujo desde China.

 LUZ
Abundante. Vive feliz en una ventana. Evita la luz solar directa.

 RIEGO
Le gusta la humedad durante los meses cálidos, pero no tanto cuando llega el frío. En invierno, deja que se seque la tierra entre riegos.

 TIERRA
Sustrato universal. Sin embargo, también le gusta la tierra de cactus y suculentas. Proporciónale un buen drenaje haciendo varios agujeros en el fondo de la maceta y colocando una capa de bolas de arcilla expandida o arlita.

 ABONO
Abono orgánico líquido dos o tres veces al mes en primavera y verano. No necesita abono durante el invierno.

 ORIGEN
Procede de la provincia china de Yunnan, donde crece salvaje en el bosque a alturas de entre 1.500 y 3.000 metros.

 MISCELÁNEA
Florece entre abril y junio en forma de grandes racimos de pequeñas flores verde-amarillas. Es de fácil reproducción a partir de retoños (ver página 34).

Todos hemos deseado alguna vez que el dinero creciera en los árboles. La planta china del dinero no te hará rico, pero quizá, como le sucedió a Agnar Espegren, descubras cómo hacer felices a los demás regalándoles un par de macetitas de *Pilea*.

Zamioculca *Zamioculcas zamiifolia*

Es una planta tolerante, resistente y fácil de cuidar. La zamioculca es prácticamente invencible, lo que la convierte en la planta ideal para los aspirantes a jardinero. Sus hojas son decorativas, grandes y brillantes, pero lo más fascinante es lo que se halla bajo el suelo: las raíces son grandes, rizomáticas y con forma de patata, y tienen la capacidad única de almacenar agua. Por ese motivo sobrevive mucho tiempo sin riego. Es perfecta para los jardineros despistados.

LUZ

La zamioculca puede con casi todo, desde el exceso de luz a la semioscuridad. Yo tengo varias en el baño de mi casa, donde la única fuente de luz son los focos del techo, y siguen creciendo y prosperando. Eso sí, prefieren habitaciones relativamente cálidas.

RIEGO

Resiste largos períodos de sequía y prefiere la sequía al exceso de riego.

TIERRA

Sustrato universal o sustrato para cactus y suculentas con una capa de bolas de arcilla expandida o arlita en el fondo de la maceta y unas cuantas mezcladas en la tierra. Le gustan las apreturas en la maceta. No la trasplantes hasta que parezca que las raíces van a estallar, y cuando lo hagas, colócala en otra maceta solo unos centímetros mayor.

ABONO

Por lo general, necesita poco abono. Dos o tres dosis de abono orgánico líquido durante los meses cálidos.

ORIGEN

Es originaria de África, desde Kenia hasta Sudáfrica.

MISCELÁNEA

La zamioculca se multiplica partiendo el cepellón y plantando el trozo nuevo en otra maceta con tierra fresca. Es una planta purificadora de aire beneficiosa para los pacientes de asma y alergias. La savia de las hojas contiene ácido oxálico, que produce irritación de la membrana mucosa.

Trébol morado *Oxalis triangularis*

Planta muy popular debido a sus hermosas hojas moradas. A mí me recuerda a una bandada de mariposas de colores marrón oscuro y burdeos, de ahí que se la conozca también como planta mariposa. Las hojas son muy sensibles a la luz. Se abren por la mañana y se vuelven a cerrar cuando se pone el sol. El trébol morado es una hierba aromática fantástica. Su aroma recuerda al de su prima la aleluya (*Oxalis acetosella*), y recientemente ha hecho su entrada por derecho propio en la gastronomía nórdica moderna. Tiene un sabor fresco y ácido, como una mezcla de trébol y limón. Las hojas contienen ácido oxálico, así que no es recomendable consumirlo en exceso, sobre todo los pacientes de reúma u otras enfermedades inflamatorias. Es tóxico para los animales domésticos.

LUZ
Para mantenerse sano y vigoroso necesita buenas condiciones lumínicas. Veranea bien en exteriores, pero lejos de la luz solar directa.

RIEGO
Le gusta la tierra húmeda, pero hay que dejar que se seque la capa superficial de la tierra de la maceta entre riegos. No es una planta rencorosa, de modo que, aunque te olvides de ella y parezca muerta, si le das un poco de agua, las raíces resucitarán y aparecerán nuevos brotes.

TIERRA
Sustrato universal con una capa de bolas de arcilla expandida o arlita en el fondo de la maceta y unas cuantas mezcladas en la tierra para obtener un mejor drenaje.

ABONO
Abono orgánico líquido una vez al mes durante la primavera y el verano y poco o nada en invierno y durante los primeros meses después de trasplantarlo.

ORIGEN
Procede de las zonas tropicales de Brasil y sus alrededores.

MISCELÁNEA
Le gusta que lo trasplanten una vez al año para estimular el crecimiento. Es muy rico en vitamina C y antiguamente los marinos lo comían para prevenir el escorbuto.

Ficus lyrata *Ficus lyrata*

Esta planta decorativa y fotogénica de exuberante follaje
es hoy por hoy la estrella de Instagram. Un ficus lyrata en
una buena maceta atrae por sí solo todas las miradas. Es
relativamente robusto, siempre y cuando no lo cambies
demasiado de sitio. Por eso, busca un lugar que le guste
y déjalo allí. En condiciones óptimas de interior alcanza
fácilmente los dos metros de altura. Las hojas, duras y
ligeramente rígidas, atraen partículas aéreas, por eso,
para que reciba la luz que necesita, límpialas con un trapo
húmedo de vez en cuando.

LUZ

Al ficus lyrata le encanta la luz brillante
e indirecta. Tolera la luz solar directa en
ventanas orientadas al este o al oeste (por
ejemplo, en períodos cortos de sol matinal
o vespertino).

RIEGO

Le gusta secarse por completo entre riegos.
Recurre al truco del dedo para comprobar
si necesita agua. Cuando la tierra está seca
a unos centímetros de profundidad es que
toca regar.

TIERRA

Sustrato universal con una capa de bolas
de arcilla expandida o arlita en el fondo de
la maceta y unas cuantas mezcladas
con la tierra para obtener un buen drenaje. Durante los primeros años necesita
trasplantes frecuentes para estimular el
crecimiento.

ABONO

Es resistente. Durante la época de crecimiento, puedes darle abono orgánico
líquido una vez al mes.

ORIGEN

Se da en África Occidental, desde Sie-
rra Leona hasta Camerún. En su hábitat
natural puede llegar a alcanzar los quince
metros de altura.

MISCELÁNEA

Se reproduce bien por esquejes. Corta una
hoja de la parte superior de la planta y
métela en agua hasta que el tallo comience
a echar raíces. Una ventaja extra de este
método es que estimula el crecimiento
de las ramas. El ficus lyrata es ligeramente
tóxico para los niños y los animales domésticos.

Higuera *Ficus carica*

Una de mis favoritas. Delicada, elegante y coqueta, aporta un toque verde y exuberante a cualquier hogar. La higuera nos transporta de inmediato a las orillas del Mediterráneo. Es un árbol de profundo significado histórico y cultural, no en vano es el árbol bíblico de la vida. En condiciones ideales, puedes incluso cosechar higos y brevas de tu higuera de interior. Después de haberlo intentado durante varios años, puedo afirmar por experiencia propia que, al menos en Noruega, no es tarea fácil, excepto en veranos excepcionalmente calurosos. Pero que no cunda el desaliento: la infusión de la hoja da un delicado aroma a la *panna cotta*. Se trata de un árbol de hoja caduca, por lo que pierde la hoja en invierno. Déjalo hibernar en un lugar fresco cerca de una ventana. En primavera, cuando broten las hojas nuevas, trasládalo de nuevo a la sala de estar, y en cuanto pase el riesgo de heladas, sácalo a veranear al exterior.

LUZ
A la higuera le gustan los rincones cálidos y soleados.

RIEGO
Es un árbol amante del agua, pero al mismo tiempo necesita un buen drenaje. Durante el período de hibernación, riégala solo una vez al mes.

TIERRA
Sustrato universal en una maceta grande con una capa de bolas de arcilla expandida o arlita en el fondo. Procura que la maceta dure varias épocas de crecimiento, ya que no le entusiasman los trasplantes.

ABONO
Escaso. Unas cuantas dosis de abono líquido orgánico durante la época de crecimiento.

ORIGEN
La higuera es oriunda del Sudeste Asiático y el Mediterráneo.

MISCELÁNEA
A veces desprende un olor un tanto desagradable. Habrá quien le eche la culpa al gato, pero en realidad es la higuera que acecha en el rincón. Atención, es tóxica para los animales domésticos.

Cactus espina de pescado *Epiphyllum anguliger*

Muy recomendable para quienes busquen una planta robusta. Resiste la luz abundante, siempre y cuando no sea directa. A diferencia de la mayoría de los cactus y suculentas, que son amantes del sol, esta original suculenta de figura parecida a la del helecho prospera en entornos húmedos y sombríos, pues procede de la selva tropical. Queda especialmente bien colgada o colocada en una peana donde su silueta salte a la vista.

 LUZ
Prefiere la media sombra, por lo que se da bien en lugares con condiciones lumínicas pobres.

 RIEGO
Deja que se seque la capa superficial de la tierra de la maceta entre riegos. Rocíala de vez en cuando con un atomizador, sobre todo cuando el aire del interior de tu casa esté seco durante los meses fríos.

 TIERRA
Sustrato para cactus y suculentas con una capa de bolas de arcilla expandida o arlita en el fondo de la maceta y unas cuentas mezcladas en la tierra para mejorar el drenaje.

 ABONO
Abono orgánico líquido unas cuantas veces durante los meses cálidos.

 ORIGEN
Es originaria de México.

 MISCELÁNEA
Poda las hojas más largas, o incluso córtalas completamente para que salgan brotes nuevos.

Potus *Epipremnum aureum*

En los setenta, este clásico de la jardinería de interior era una presencia casi obligatoria. Al igual que la palma de areca y la sansevieria o lengua de suegra, el potus es un buen purificador de aire. Es resistente, robusto y fácil de cultivar. Se da bien junto a un palo de musgo en el que pueda enroscarse, o enrollado alrededor de su maceta. Mi pareja tiene en su piso un potus colgando del techo debajo de una claraboya, donde es muy feliz. Aunque es una planta tropical y, por lo tanto, amante de la humedad y el calor, se adapta fácilmente a los ambientes de interior. Las hojas del potus de interior suelen ser de un verde pálido y brillante, pero en circunstancias ideales y luz suficiente, desarrollan su características vetas y manchas de color crema y amarillo.

LUZ
El potus no es una planta caprichosa. Colócala en lugar con luz abundante, pero no directa, para evitar que se quemen las puntas de las hojas. Sobrevivirá en un rincón oscuro pero el crecimiento será muy lento.

RIEGO
Riego regular siempre que la capa superficial de la tierra esté seca. Durante los meses cálidos, riégalo una vez a la semana, y unas cuantas veces al mes durante los fríos. Procura que las raíces no estén en contacto con el agua para que no se pudran.

TIERRA
Sustrato universal con una capa de bolas de arcilla expandida o arlita en el fondo de la maceta. Trasplántalo una vez al año o cada dos años para estimular el crecimiento.

ABONO
Abono orgánico líquido dos o tres veces al mes durante los meses cálidos. No necesita abono en invierno ni durante los primeros meses después de trasplantarlo.

ORIGEN
El potus es originario de la Polinesia, donde crece como una enredadera.

MISCELÁNEA
Los potus son perfectos para asmáticos y alérgicos gracias a sus propiedades purificadoras del aire, pero también son venenosos, así que no deben comerse.

El potus es muy fácil de reproducir. Saca un esqueje de entre dos y cuatro hojas y mételo en agua durante unas semanas para que eche raíces o plántalo directamente en tierra húmeda (ver página 33).

Planta o árbol de jade *Crassula ovata*

Es una planta suculenta con figura de arbusto que almacena agua en las hojas, por lo que sobrevive bien a los períodos prolongados de sequía. Según el *Feng shui*, es un símbolo de buena fortuna. Es fácil de cultivar y sobrevive varios meses sin agua. En condiciones ideales, la planta madura florece en primavera. Las flores son pequeñas y blancas o rosas.

 LUZ
Luz solar abundante, idealmente indirecta.

 RIEGO
Está habituada al hábitat desértico, así que prefiere que la capa superficial de la tierra se seque por completo entre riegos. Como regla general, dale un riego no muy abundante cada dos semanas. En invierno, basta con una vez al mes, pero solo si la tierra de la maceta está completamente seca.

  TIERRA
Utiliza una proporción de una parte de arena de horticultura por cada cuatro partes de sustrato universal con una capa de bolas de arcilla expandida o arlita en el fondo de la maceta. Una alternativa es sustrato universal mezclado con musgo de turbera (*Sphagnum*).

 ABONO
Es una planta extremadamente frugal. Dale muy poco abono. Unas pocas dosis de abono orgánico líquido entre marzo y septiembre serán suficientes.

 ORIGEN
Procede de Sudáfrica.

 MISCELÁNEA
Se reproduce a partir de esquejes (ver pág. 30). Trasplántala en primavera si ves que la raíz está apretada en la maceta. Prefiere macetas no muy profundas. Es tóxica para los animales domésticos y ligeramente para las personas. También puede causar irritación cutánea.

Sansevieria o lengua de suegra *Sansevieria trifasciata*

Estamos ante una suculenta robusta que puede con todo, incluso con la sequía total por abandono y las corrientes de aire seco invernal del interior de una casa. También se la conoce como espada de san Jorge por sus hojas gruesas, alargadas y puntiagudas (en otros países también se llama planta bayoneta). Tiene reputación de ser una de las mejores purificadoras de aire, lo que la convierte en una gran acompañante de pacientes de asma y alergias. Convierte el dióxido de carbono en oxígeno incluso de noche, y por eso es habitual encontrarla en los dormitorios. Según la NASA, una persona podría vivir en un espacio sellado herméticamente si contuviera entre seis y ocho sansevierias. Quizá sea cierto, pero te sugiero que no intentes esto en casa.

 LUZ
En su hábitat natural, la sansevieria o lengua de suegra se da en condiciones de luz solar directa y calor, así que en interiores le gustan los lugares con luz solar abundante y directa. Sin embargo, es una planta resistente, así que tolera bien la sombra.

 RIEGO
Escaso. Cada tres semanas en primavera y verano y no más de una vez al mes el resto del año. Le gusta la tierra completamente seca y que la dejen en paz durante algún tiempo.

 TIERRA
Sustrato para cactus o universal. Si optas por el universal, añádele un puñado de bolas de arcilla expandida o arlita para obtener un buen drenaje. A la sansevieria o lengua de suegra le gustan las apreturas, así que evita las macetas grandes. Cuando parezca que la maceta va a reventar, trasplántala a otra ligeramente más ancha.

 ABONO
Escaso. Una vez al mes es suficiente durante los meses cálidos. Si la acabas de trasplantar, los nutrientes de la tierra nueva serán suficientes para un año. También puedes usar abono de liberación lenta una vez al año.

 ORIGEN
Procede de África Occidental tropical, donde se utiliza en la fabricación de cuerdas debido a la resistencia de su fibra.

 MISCELÁNEA
Para reproducirla, corta una hoja por la mitad y plántala directamente en la tierra. Atención, es venenosa para los humanos y sus amigos de cuatro patas.

Ficus o árbol del caucho *Ficus elastica*

Este elegante árbol pertenece a la misma familia que la higuera. Su savia es un fluido lechoso llamado látex, que antiguamente se utilizaba en la fabricación del caucho, de ahí su nombre. El ficus es un superviviente nato, de modo que es muy fácil de cuidar. Lo que peor lleva es el exceso de riego y que lo cambien de sitio. Tiene hermosas hojas brillantes y rígidas que conviene limpiar de vez en cuando con un paño húmedo para que luzcan bien lustrosas y reciban la cantidad óptima de luz.

LUZ
Le gusta la luz. Con luz solar directa las hojas se ponen de color marrón-burdeos.

RIEGO
Riégala regularmente. Deja que se seque la capa superficial de la tierra de la maceta. Hazlo una vez por semana durante los meses cálidos y unas cuantas veces al mes el resto del año. Cuanto más oscura y fría sea la habitación, menos agua necesita.

TIERRA
Sustrato universal con una capa de bolas de arcilla expandida o arlita en el fondo de la maceta y unas cuantas mezcladas con la tierra. Trasplántalo cada dos años. Es feliz compartiendo macetas con otras plantas de su misma especie.

ABONO
Abono orgánico líquido unas cuantas veces al mes en primavera y verano. No necesita nutrientes en invierno.

ORIGEN
Es originario de India y Malasia, donde alcanza los 40 metros de altura.

MISCELÁNEA
Es tóxico para los animales domésticos. La savia puede causar irritación cutánea.

Cinta *Chlorophytum comosum*

La cinta es una planta muy agradecida que, además de tener un aspecto fresco y exuberante con sus hojas de color verde manzana, es una excelente purificadora de aire. Queda especialmente bien colgada del techo o colocada sobre una peana. Se da bien en casi cualquier entorno, aunque si quieres que prospere de verdad y produzca rizomas, tendrás que prestarle mucha atención. Si dejas los rizomas en la planta madre, estos a su vez producirán nuevos rizomas que también puedes podar y replantar.

 LUZ
Media sombra o luz solar parcial. Evita la luz solar directa.

 RIEGO
Riega regularmente. Deja que se seque la capa superficial de la tierra de la maceta entre riegos. Rocíala de vez en cuando con un atomizador, sobre todo cuando el aire del interior de tu casa esté seco durante los meses fríos.

 TIERRA
Sustrato universal con una capa de bolas de arcilla expandida o arlita en el fondo de la maceta y unas cuantas mezcladas con la tierra para obtener un mejor drenaje.

 ABONO
Abono orgánico líquido unas cuantas veces en primavera y verano.

 ORIGEN
La cinta es nativa del sur del continente africano.

 MISCELÁNEA
Si buscas algo verde y resistente, las cintas soportan bien el frío, incluso hasta 5 °C, durante varias semanas seguidas. Sin embargo, no soportan las heladas.

Costilla de Adán *Monstera deliciosa*

La costilla de Adán es la más conocida del género *Monstera*. Quienes vivieron los años setenta recordarán haberla visto por todas partes. Era la planta de moda de cualquier sala de estar moderna o piso de estudiantes. Ahora está de nuevo en el candelero y ha abierto camino a la moda de plantas de interior de los últimos años. A mí, que nací en los ochenta, me parece una planta fantástica, fascinante y hermosa. La costilla de Adán es tenaz e invencible. Se adapta a todo. Quizá ese sea el motivo de que se haya convertido en la embajadora de la nueva revolución de las plantas de interior. Sus inconfundibles hojas grandes y con forma de corazón con sus típicos agujeros y flecos son una estrategia de adaptación para que la planta no se parta durante las tormentas tropicales de su hábitat natural.

 LUZ
Abundante luz indirecta. Durante los meses cálidos, aléjala un poco de las ventanas para evitar que las hojas se quemen y se pongan marrones. Vuelve a acercarla en invierno.

 RIEGO
Necesita humedad regular. Riégala cuando se seque la capa superficial de la tierra de la maceta. Hazlo semanalmente durante los meses cálidos. Unas cuantas veces al mes en invierno. En habitaciones frías o con poca luz necesita menos agua.

 TIERRA
Sustrato universal con una capa de bolas de arcilla expandida o arlita en el fondo de la maceta. Si quieres un ejemplar de tamaño grande, trasplántala cada año o cada dos años. Las raíces crecen con mucha rapidez.

 ABONO
Abono orgánico líquido unas cuantas veces al mes durante la primavera y el verano. Escaso o ninguno en invierno.

 ORIGEN
Es oriunda del sur de México, donde se da en la selva tropical.

 MISCELÁNEA
Si no aparecen los característicos agujeros y flecos, es que no está recibiendo suficiente luz. Para estimular el crecimiento, poda las hojas inferiores pequeñas. Es tóxica para personas y animales domésticos.

Nada más fácil que perderse en esta enorme costilla de Adán del invernadero Estufa Fría en Portugal. Si te fijas bien, verás la cabeza del autor en medio del océano de monsteras.

Cheflera/chiflera *Schefflera arboricola*

Esta es la giganta fiel y amigable que buscabas. La cheflera es poco exigente y requiere cuidados mínimos, pero puede llegar a alcanzar más de dos metros y medio de altura. Incluso resiste temperaturas de 0 °C si la dejas fuera por accidente en un lugar protegido. La planta perfecta para los jardineros despistados.

LUZ
Cuanta más luz, mejor, pero siempre indirecta. En invierno a veces pierde alguna hoja, pero no serán muchas si las condiciones de luz son buenas.

RIEGO
Le gusta que la tierra de la maceta se seque entre riegos. Riégala generosamente cuando la tierra se haya secado completamente.

TIERRA
Sustrato universal con una capa de bolas de arcilla expandida o arlita al fondo de la maceta y unas cuantas mezcladas en la tierra para obtener un buen drenaje.

ABONO
Escaso. Un poco de abono orgánico líquido una vez al mes durante la época de crecimiento.

ORIGEN
Viene de Taiwán, donde alcanza hasta diez metros de altura.

MISCELÁNEA
Es una de las plantas más sencillas de reproducir. Corta la parte de arriba completa, o bien solo una rama, y métela en una botella con agua hasta que empiece a salir la raíz. También hay notables posibilidades de que agarre si la plantas directamente en una maceta. Es ligeramente tóxica para personas y animales domésticos. La savia puede producir irritación cutánea.

Flor de cera *Hoya*

La *Hoya* es un género de entre doscientas y trescientas especies. La mayoría tienen hojas cerosas y más bien gruesas. Es una escaladora nata capaz de llegar muy alto si encuentra dónde apoyarse. Es modesta y poco exigente. En condiciones óptimas, producirá hermosos ramilletes de flores de aspecto de porcelana y fuerte aroma, especialmente al caer la noche.

 LUZ
Lo ideal es que reciba doce horas seguidas de luz al día. Se las apaña bien con la luz solar directa, pero no le gustan nada las corrientes de aire y se da mejor a temperaturas superiores a los 15 °C.

 RIEGO
Es necesario dejar que la tierra de la maceta se seque antes de cada riego. En primavera y verano le gusta que la rieguen varias veces a la semana, pero con mucha menos frecuencia en otoño e invierno.

 TIERRA
Sustrato universal con una capa de bolas de arcilla expandida o arlita al fondo de la maceta y unas cuantas mezcladas en la tierra para obtener un buen drenaje.

 ABONO
Una dosis de abono orgánico líquido al mes desde la primavera hasta el otoño.

 ORIGEN
Procede de los bosques de Australia y Asia.

 MISCELÁNEA
Para estimular el florecimiento, déjala a la luz solar directa. Las flores cerosas producen grandes gotas de néctar, así que cuidado con las manchas pegajosas en tu mantel favorito. La savia de las hojas puede producir irritación cutánea.

Ave del paraíso gigante *Strelitzia nicolai*

Prima lejana del plátano, esta gran planta tropical es más fácil de cultivar que su pariente. El ave del paraíso gigante alcanza a veces los dos metros de altura, incluso en interior. Sus inconfundibles hojas son grandes y de un tono verde grisáceo y a veces crecen muy deprisa. De hecho, no es raro que las hojas nuevas crezcan entre diez y quince centímetros al día. Las hojas son frágiles y se rompen con facilidad, como las de la platanera. Es su estrategia para resistir los vientos fuertes. En mi opinión, las hojas rotas le dan un toque tropical extra y la hacen aún más decorativa. Si tienes un balcón o un espacio de exterior, a esta planta le gusta pasar al aire libre los meses cálidos.

LUZ
Le encanta la luz. Se da bien con luz abundante, pero conviene no dejarla demasiado tiempo bajo la luz solar directa. Su lugar ideal está cerca de una ventana orientada al este o al oeste.

RIEGO
Le gusta el suelo húmedo, pero procura que la capa superficial de la tierra se seque antes de cada riego. Riégala unas cuantas veces a la semana en primavera y verano. Limpia las hojas regularmente con un paño húmedo.

TIERRA
Sustrato universal con una capa de bolas de arcilla expandida o arlita al fondo de la maceta y unas cuantas mezcladas en la tierra para obtener un buen drenaje.

ABONO
Abono orgánico líquido cada dos semanas en primavera y verano.

ORIGEN
Sudáfrica, Madagascar y países africanos circundantes.

MISCELÁNEA
La frecuencia de trasplante viene dictada por la velocidad de crecimiento. Durante los primeros años, quizá tengas que trasplantarla anualmente y después una vez cada dos años. Los brotes se separan con facilidad, pero no los podes hasta que tengan al menos dos o tres hojas. En condiciones óptimas, puede producir una flor exótica que recuerda al ave del paraíso en vuelo. Ligeramente tóxica para niños y animales domésticos.

ÍNDICE DE NOMBRES EN LATÍN

BIBLIOGRAFÍA

Josifovic, Igor & De Graaff, Judith
Urban Jungle, Callwey Verlag, 2016

Langton, Caro & Ray, Rose
Et Hus med Planter, Cappelen Damm, 2018
también disponible en inglés
House of Plants, Frances Lincoln Publishers Ltd, 2016

Schilén, Linda
Älskade Krukväxter, Ordalaget Bokförlag, 2018

Stuber, Agnes
Krukväxter för Alla, Natur & Kultur, 2018

Vento, Susanna & Kantinkoski, Riikka
Green Home Book, Cozy Publishing, 2016

Viumdal, Jørn
Skoglufteffekten, Panta Forlag, 2018
también disponible en español
El método Skogluft: Descubre las plantas de interior que cuidan de ti, Grijalbo, 2019